Gerda Wichtmann

Kinder brauchen Orientierung

HERDER spektrum
Band 5059

Das Buch

Selbstbewußte, kluge Kinder, die sich auch einmal selbst beschäftigen können, die sich konzentrieren und zurechtfinden können – wer wünscht sie sich nicht? Eltern und Erzieher können viel dazu beitragen, daß Kinder sich so entwickeln. Maria Montessori hat erkannt, daß gerade die kleinen Kinder eine aufmerksame Begleitung durch Erwachsene brauchen, wenn sie etwas Neues entdecken und sich selbständig aneignen wollen. Sie brauchen Freiräume und gleichzeitig Orientierung, damit sie sich selbst zurechtfinden können. So bekommen sie den Halt und die Sicherheit, sich frei zu entwickeln. Wie dies gelingt und was die Erziehenden tun und auch lassen sollen, beschreibt Gerda Wichtmann mit vielen Beispielen aus dem Erziehungsalltag. So lieben Kinder zum Beispiel Ordnung in ihrem Leben – auch wenn es für manch genervte Mutter nicht so aussieht. Sie mögen es, wenn die Dinge am gleichen Platz liegen, sie mögen Zeitrhythmen und Rituale.

Kinder, die solche Orientierung und Sicherheiten erfahren haben, können sich auch späteren Herausforderungen frei und selbstbewußt stellen.

Die Autorin

Gerda Wichtmann ist Erzieherin und Dipl.-Sozialpädagogin mit Montessori-Diplom. Seit vielen Jahren führt sie im deutschsprachigen Raum verschiedene pädagogische und psychologische Seminare, u. a. zu dieser Thematik, durch. Sie ist Encouraging-Trainerin und pädagogische Mitarbeiterin am Rudolf-Dreikurs-Institut bei Fulda.

Gerda Wichtmann

Kinder brauchen Orientierung

Ein praktischer Ratgeber
nach Maria Montessori

Herder
Freiburg · Basel · Wien

Gedruckt auf umweltfreundlichem,
chlorfrei gebleichtem Papier

Originalausgabe

4. Auflage

Alle Rechte vorbehalten – Printed in Germany
© Verlag Herder Freiburg im Breisgau 1997
Herstellung: Freiburger Graphische Betriebe 2000
Umschlaggestaltung und Konzeption:
R·M·E München / Roland Eschlbeck, Liana Tuchel
Umschlagfoto: © Mauritius
ISBN 3-451-05059-5

Inhalt

Vorwort von Heribert Mörsberger 9

Maria Montessori

Eine Frau, die den pädagogischen Weg mit praktischen Füßen ging 13

Es könnte alles so viel einfacher sein

Kennen Sie das auch? 17
   „Wie oft soll ich das noch sagen?" 17
   Der nervende Geräuschpegel 19
   Stühle hin – Tische her 22
   Zerstreute und unruhige Kinder 24

Es könnte alles so viel einfacher sein 26

Was Kinder brauchen und was Kinder wollen . . . 30

Das Konzept individueller Unterschiede 33
   Das Kind, ist „sein eigener Baumeister" 33

„Milch und Liebe" 37
   Nahrung für Körper, Geist und Seele 37

Der praktische Weg

Das Konzept 43

Kinder brauchen Ordnung 46
   Ein altes Thema in neuem Licht 46
   Kinder und Ordnung 51
   Ordnung und Schönheit 58

Kinder brauchen Regeln 65
   Was Regeln regeln 65
   Kinder und Regeln 70

Kinder brauchen eine vorbereitete Umgebung . . 78
   … einen vorbereiteten Raum 78
   … vorbereitetes Material 85

Kinder brauchen innere Ordnung 92
   Innere Ordnung und Zufriedenheit 92
   Der praktische Weg zur inneren Ordnung 96

Kinder brauchen Vertrauen 104

Der Umgang mit Fehlern 113

Wie Montessori Kinder lehrt 122
   Die besondere Art des kindlichen Lernens . . . 122
   Darf ich dir das mal zeigen? 127
   Wie Sie Kindern etwas Neues zeigen können . . 131

Fragen, die offengeblieben sind

Was tun, wenn es nicht so läuft, wie Sie es gerne hätten? 135

Wie wichtig ist das Montessori-Material? 141

Meine „Bekanntschaft" mit Maria Montessori
oder: Wer war Maria Montessori? 144

Nützliche Adressen 153

Literaturverzeichnis 155

Vorwort

Bei der Suche nach geeigneten Konzepten für die frühkindliche Erziehung gehört die Beschäftigung mit dem Gedankengut und den überlieferten Erfahrungen von Maria Montessori zum absoluten Muß eines jeden, der in pädagogischer Verantwortung steht. Seien es nun professionelle Fachkräfte in den verschiedensten pädagogischen Einrichtungen, wie z. B. Kindergärten, Horten und Heimen, oder seien es Elternpaare, Alleinerziehende und sonstige Erwachsene, die ohne spezielle Fachausbildung Kinder auf ihrem Weg in das Leben begleiten. Spätestens seit den Arbeiten des Deutschen Bildungsrates 1970 wird auch in einer breiten Öffentlichkeit darüber diskutiert, welche Förderung kleine Kinder erfahren sollen, damit sie sich optimal entwickeln und entfalten können. Der Kindergarten, obwohl schon rund 150 Jahre alt, wurde als Instrument der Chancengleichheit entdeckt. Zugleich entbrannte ein heftiger Kampf darüber, ob es nun wichtiger sei, die Kinder frühzeitig intellektuell zu trainieren oder ob es eher darauf ankommt, soziale Kompetenzen zu fördern, eine ganzheitliche Persönlichkeitsentwicklung voranzutreiben und damit eine Grundlage zu schaffen, auf der sich dann später nicht nur kognitive Lernprozesse, sondern auch die Integration von Wissen in ein umfassendes und wertgebundenes Welt- und Menschenbild entwickeln können.

War bis zu dieser Zeit die von der italienischen Ärztin Maria Montessori entwickelte Methode zur Förderung von Kindern fast nur in pädagogischen Fachkreisen bekannt, wurde ihre Konzeption nunmehr einer breiten Öffentlichkeit vorgestellt als besonders geeignet für die Durchsetzung der neuen bildungspolitischen Ziele. Schließlich hatte Maria Montessori als Förderziele die Aspekte der Unabhängigkeit und Selbständigkeit des Kindes in den Mittelpunkt ihrer Konzeption gestellt. Ihr ging es bei den zunächst für geistig behinderte Kinder entwickelten und später für die Förderung aller Kinder bereitgestellten Materialien um die Achtung der Würde eines jeden einzelnen Kindes, um die Förderung ihrer Sinne, ihrer Konzentrationsfähigkeit und auch ganz gezielt um die Entwicklung ihrer kognitiven Kompetenzen. So verwundert es nicht, daß Maria Montessori hineingezogen wurde in den damaligen Streit um die geeignetste Form einer möglichst alle Kinder erreichenden frühkindlichen Förderung im Kindergarten oder in anderen Formen der vorschulischen Erziehung.

Der seinerzeit auch ideologisch geführte Streit zwischen lernorientiertem Ansatz, antiautoritären Entwürfen, situationsbezogenem Arbeiten und anderen Konzepten hat sich inzwischen versachlicht. In zahlreichen wissenschaftlich begleiteten Praxismodellen wurden unterschiedliche Vorgehensweisen erprobt, günstige Rahmenbedingungen für Erfahrungslernen entwickelt und insbesondere die Bedeutung einer möglichst engen Zusammenarbeit der jeweiligen Kindertageseinrichtung mit den Eltern und dem Lebensumfeld der Kinder erkannt. Heute wird man nur noch selten von einem allgemein verbindlichen Konzept für alle Kindergärten einer Region oder eines bestimmten Trägers sprechen können. Jede einzelne Einrichtung ist gehalten, ihr spezifisches Konzept zu entwickeln, weil nur auf diese Weise ein für Kinder wünschenswertes Zusammenwirken aller für ihre Entwicklung wichtigen Personen und Institutionen erreicht werden kann. Der dafür erforderliche Bogen reicht von der Elternarbeit über die Zusammenarbeit mit Trägerverantwortlichen, der oder den Schulen im Einzugsbereich bis hin zur Kommunalpolitik, die für die im Kinder- und Jugendhilfegesetz definierte Aufgabe der Erhaltung oder Schaffung einer kinder- und familienfreundlichen Umwelt eine besondere Verantwortung tragen.

Beim Zusammenwirken aller für die gesunde Entwicklung von Kindern in unserer Gesellschaft Verantwortlichen geht es insbesondere darum, in konkreten Lebenssituationen eines Wohngebietes, einer Kommune und den dort bestehenden Einrichtungen Angebote der Förderung von Kindern zu entwickeln, die am tatsächlichen Kindeswohl orientiert sind. Dazu ist es notwendig, sich über unterschiedliche Möglichkeiten zu informieren, mehrere Aspekte in den Blick zu nehmen und schließlich jene Methoden und Konzepte auszuwählen, die in die konkrete Situation am besten hineinpassen. Ein dabei hilfreicher und zumindest partiell anwendbarer Teil kann oft auch die nach Maria Montessori benannte und durch Fachwissenschaftler und Praktiker ständig weiterentwickelte Pädagogik und Methodik sowie die damit verbundene Sicht des Kindes sein.

Das Konzept wird in diesem Buch praxisbezogen vorgestellt von einer Autorin, die in der Auseinandersetzung mit den Ideen und Erfahrungen dieser großen Frau ihren eigenen Weg gefunden hat. Möge vielen Leserinnen und Lesern ähnliches gelingen: Das eigene erzieherische Handeln betrachten auf dem Hintergrund der Ideen und Erkenntnisse von Maria Montessori, sich dadurch inspirieren lassen für die eigene Weiterentwicklung, um schließlich den Weg (immer wieder neu) zu finden, der für die ebenso faszinierende wie letztlich unausweichliche Aufgabe der Übernahme der Verantwortung für die Zukunft von Kindern der richtige sein könnte.

Heribert Mörsberger

Maria Montessori

Eine Frau, die den pädagogischen Weg mit praktischen Füßen ging

Maria Montessori hat mit Eltern und Erzieherinnen mehr gemeinsam, als es auf den ersten Blick scheinen mag. Unter all den bekannten Pädagogen, die unsere Geschichte hervorgebracht hat, ist sie eine von wenigen Frauen. Fast ausschließlich Männer haben die pädagogischen Ideen erdacht, die eigentlich schon immer vorrangig von Frauen ausgeführt wurden. Abgesehen vom Lehren in der Schule ist die Erziehung immer schon Sache der Frauen gewesen; und sie ist es im wesentlichen immer noch. Das ist eine bedeutende Tatsache, denn Frauen haben ihre ganz eigene Art, mit den Belangen des Lebens umzugehen. Ihnen geht es nicht in erster Linie darum, das Leben in den Griff zu bekommen und es zu beherrschen. Sie möchten zuallererst verstehen und sind offen für die Vielfalt des Lebens.[1] Dadurch haben sie vor allem im Bereich der Erziehung die Fähigkeit, dem einzelnen Kind zu seiner individuellen Entfaltung zu verhelfen, und laufen nicht so sehr Gefahr, das Kind

---

[1] Vgl. Keller, Evelyn Fox: „Liebe, Macht und Erkenntnis", München 1986, und: Keller, Evelyn Fox: „A Feeling for the Organism", New York 1983.

in ein Bild zu pressen, das sie sich von ihm gemacht haben. Dies erfordert jedoch ein großes Maß an Geduld und Flexibiltät – Eigenschaften, die als typisch fraulich gelten.

Maria Montessori war selbst Mutter. Sie kannte die Erziehungsprobleme also nicht nur aus der „Ferne". Sie hatte erfahren, daß die Erziehung eigener Kinder mitunter wesentlich schwieriger sein kann als die Erziehung „fremder" Kinder.

Durch diese Erfahrungen hatte sie ihre ganz eigene Art entwickelt, an die Erziehung von Kindern heranzugehen. Theoretische oder praktische Kenntnisse über Erziehung hatte sie zunächst nicht. Selbst in ihrer eigenen Familie hatte sie kein echtes Übungsfeld, denn sie war Einzelkind. Aber sie war Praktikerin, sie war offen für Neues und interessierte sich für das Leben. Und ihr berufliches Leben brachte sie mit Kindern in Kontakt, die spontan ihre Liebe und den Wunsch weckten, etwas für diese Kinder zu tun. Das verbindet sie mit vielen Erzieherinnen und Eltern. Natürlich hat sie später auch theoretische Grundlagen erforscht und durchdacht, aber ihr Weg zu den Kindern war zunächst einfach ein praktischer. Sie „krempelte die Ärmel hoch" und ließ sich Dinge einfallen, die den zurückgebliebenen Kindern in ihrer Klinik vor allem auch pädagogisch weiterhelfen sollten. Alle ihre Erkenntnisse hat sie selbst in der praktischen Arbeit erprobt und vieles dort erst erkannt und verfeinert. Ein „Schreibtischtäter" oder ein „Schöndenker" war sie gewiß nicht. Sie beobachtete vielmehr die Kinder, ließ sich emotional auf sie ein und erspürte mit Feingefühl und Besonnenheit, wie sie ihnen weiterhelfen konnte. Dabei verfolgte sie nicht in erster Linie das

Ziel, eigene schon vorgefertigte und vorgedachte Vorstellungen und Meinungen über Kinder und deren Erziehung zu verwirklichen. Sie wußte, wovon sie sprach, und verlangte nicht, was sie selbst nicht tat. In dieser Hinsicht war sie mehr eine Frau der pädagogischen Tat als eine der pädagogischen Worte – eine Frau eben, die den pädagogischen Weg mit praktischen Füßen ging. Auf diese Weise schuf sie, ohne selbst pädagogisch gebildet oder gar verbildet zu sein, eine Pädagogik, die ganz auf Kinder zugeschnitten ist.

Und etwa dasselbe tun Tausende von Erzieherinnen und Eltern bis auf den heutigen Tag, denn die Kinder fordern sie geradezu dazu heraus. Nach immer neuen und effektiven Wegen suchend, stellen sie sich diesen Herausforderungen und versuchen, Anworten und Lösungswege zu finden, um den Kindern Möglichkeiten der Entwicklung zu schaffen.

Es könnte alles soviel einfacher sein

Kennen Sie das auch?

"Wie oft soll ich das noch sagen?"

Jutta spielt gerne in der Puppenecke und hat beim Spielen dort die verrücktesten Ideen. Manchmal denke ich: „Ihr fällt aber auch jeden Tag was Neues ein." Mal sehe ich, wie sie die Möbel aufeinanderstapelt und offensichtlich einen „Umzug" plant. Das geht entsprechend aufregend zu. „Nichts gegen einen Umzug", denke ich, „aber muß man dabei so laut sein und so rabiat mit den Möbeln umgehen? Das geht nicht. Andere Kinder haben das Recht, morgen auch noch eine schöne und intakte Spielecke vorzufinden." Schon stehe ich in der Puppenecke und weise die in Aufregung geratene, laute und aus meiner Sicht chaotische „Familie" zurecht.

Ein anderes Mal stiftet Jutta zwei der Dreijährigen an, ihre Hunde zu spielen. Laut kommandierend schickt sie die beiden hin und her. Als sie dann aber auch noch mit Spielzeug im „Maul" unter den Tischen durchkriechen, wird es mir zuviel. „Hört auf damit. Bleibt bitte in der Puppenecke und seid nicht so laut. Ihr seid ja nicht allein hier."

Heiner kommt herein und wirft die Tür hinter sich zu, während er schon mit den Augen in der Bauecke angekommen ist. „Kannst du die Tür nicht leise zumachen? Das habe ich dir doch schon hundertmal gesagt!"

Wie zufällig sehe ich plötzlich, daß es im Regal mit den Spielen schon wieder total unordentlich aussieht. Ich verstehe einfach nicht, warum die Kinder die Sachen nicht so wieder zurücklegen können, wie sie sie rausgeholt haben? „Wer war am Regal und hat eines der Spiele benutzt?" Niemand meldet sich. Das ärgert mich.

Am Tisch sitzen zwei Kinder und spielen Memory. Und als Katrin und Petra vorbeigehen, treten sie auf die leere Memoryschachtel, die dort am Boden lag. „Könnt ihr denn nicht aufpassen? Ihr seht doch, daß die Schachtel hier liegt."

Ach, das sind alles im Grunde Kleinigkeiten. Aber solche, die nerven; vor allem, wenn sie täglich vorkommen. Ich habe es manchmal so satt, immer wieder das gleiche zu sagen: „Räumt bitte auf." – „Seid leise." – „Laß das sein, das ist zu gefährlich." – „Könnt ihr euch denn nicht vertragen?" – „Nimm das Buch doch anständig in die Hand." – „Frag doch auch erst, wenn du mitspielen willst." ... Und ich werde sauer und denke: „Mensch, warum kapieren die das nicht? Das machen die doch mit Absicht."

Und so bin ich dankbar, wenn diejenigen Kinder, die diese Ermahnungen öfter zu hören kriegen, mal einen Tag nicht da sind.

... und in der Familie?[2]

Susanne, Mutter von zwei Kindern: „Jutta ist schon recht selbständig. Mit ihren vier Jahren kann sie bereits in vielerlei Hinsicht für sich selbst sorgen. Sie zieht sich alleine an, sie macht sich bei Tisch selbst ihr Brot, und abends wäscht sie sich auch ordentlich. Darüber bin ich wirklich froh. Aber sie tut es in ihrem Tempo, und das ist mir oft zu langsam. Vor allem wenn ich aus dem Haus gehen will, trödelt sie herum. So empfinde ich es jedenfalls. Und ich muß sie immer wieder erinnern: ‚Hol deine Strümpfe. Zieh dich bitte an! Vergiß nicht, die Hose zuzumachen. Iß bitte. Komm jetzt!' Aber im Grunde nützt das alles gar nichts, nur mich kostet es viel Kraft, und ich denke: ‚Wie oft soll ich das alles noch sagen?'

Und bei Heiner ist es ähnlich. Er ist sieben Jahre alt und müßte doch eigentlich sein Zimmer problemlos in Ordnung halten können. Aber immer wieder muß ich ihn erinnern: ‚Räum die Bücher wieder ins Regal. Leg deinen Schlafanzug ins Bett. Bring die schmutzige Wäsche in den Wäschekorb. Heb die Legosteine vom Boden auf.' Und doch sieht es in seinem Zimmer immer wieder wie auf einem ‚Schlachtfeld' aus. Manchmal würde ich am liebsten alles nehmen und wegwerfen."

Der nervende Geräuschpegel

Es ist noch früh am Morgen, und erst die Hälfte aller Kinder der Gruppe ist anwesend. Die schon da sind,

---

[2] Im folgenden werden immer wieder Situationen nicht nur aus dem Kindergarten, sondern auch aus verschiedenen Familien geschildert – Dinge, die Sie sicherlich aus eigener Erfahrung kennen.

spielen ruhig, nehmen vorsichtig erste Kontakte zu anderen auf. Jonas steht am Rande der Bauecke und schaut ruhig Marcel und Conny zu, die bereits planen und gezielt Kisten ausräumen und ausschütten. Es klappert und scheppert ein wenig. Hier sitzen ein paar Kinder am Tisch, dort rührt eines in den Perlen, draußen jauchzt es in der Garderobe. Ich stelle die letzten Dinge am Frühstückstisch zurecht.

Ruhige Atmosphäre – alles ist gut.

Dann kommen binnen kurzer Zeit die restlichen Kinder der Gruppe, und bald ist unser Raum voller Leben und Aktivität. Die zuletzt gekommenen Kinder suchen Anschluß zu finden an unsere „Idylle", wollen jetzt auch ihren Platz. Überall sind schon andere Kinder. Manche haben sich schon zusammengetan und sind bereits mitten im Spiel. „Wohin jetzt? Was tun?" ist für einen Teil der Kinder in diesem Moment die wichtigste Frage.

Mehr Unruhe wird spür- und hörbar. Hier und da werden Konflikte deutlich. Gerangel beginnt, um bestimmte Materialien und wer und wieviele Kinder hier oder dort spielen dürfen. „Wir wollen jetzt auch mal, die durften schon so lange", empören sich einzelne. Ich renne, vermittle und schlichte und versuche, etwas von der Ruhe des frühen Morgens zu retten. – Da stößt Marco an Selinas Puzzle. Alles verrutscht. Sie schreit wütend, und dann weint sie enttäuscht. Das ist verständlich; eine ganz normale Reaktion. – Katja und Kurt fahren mit ihren selbstgebauten Autos am Boden umher. Sie spielen friedlich, so wie man eben mit Autos spielt. Dabei ist das brummende Geräusch „ihrer" Motoren zu hören und hin und wieder auch „Bremsengequietsche".

– Vom anderen Ende des Raumes ertönt „Hundegebell" aus der Puppenecke. – Zwei Mädchen am Tisch kichern und lachen sich schließlich „halb tot" über ihre selbstdachten Albernheiten. – Heiner ruft: „Eva spielt im Waschraum mit ganz viel Wasser und Schaum." Sie ist erst drei und noch neu im Kindergarten. Die niedrig angebrachten Waschbecken werden sie eingeladen haben. Ich gehe hin und erkläre. – Im Gruppenraum sind plötzlich laute Stimmen zu hören: Streit – dann Weinen.

Alles normal, ganz normal. Aber es ist zu laut – viel zu laut! Alles zusammen ist eben laut. Der Geräuschpegel hat sich richtig hochgeschaukelt.

Jetzt ist es zehn Uhr; und ich denke: „So ist das, wenn 25 Kinder aktiv sind." Aber ich ertrage diesen Lärm nicht. Die meisten Kinder auch nicht. Sie sind genervt, reagieren empfindlich und oftmals auch aggressiv. Das ist jeden Tag eine Zerreißprobe. Am liebsten würde ich dazwischenschreien. Manchmal tue ich es auch.

... und in der Familie?

Ein Kollege meines Mannes und meine Freundin sind zum Abendessen unsere Gäste. Karina, vier Jahre, und Jens, zwei Jahre, freuen sich wie immer, wenn Besuch da ist. Jens sitzt in seinem Kinderstühlchen und ißt weitgehend selbständig. Bald ist er satt und möchte von den Chips essen. Ich gebe ihm zwei, aber er will die Schüssel und sich selbst welche nehmen. Seine Hände sind vom Essen verschmiert. Ich unterbreche das Gespräch mit meiner Freundin, weil er schreit, als ich ihm nicht erlaube, sich selbst zu bedienen. Mein Mann wird unruhig und versucht, ihn mit weiteren Chips zufriedenzustellen. Jens will aber keine weiteren Chips, er möchte sich selbst bedienen. So versucht er, aus seinem Stuhl herauszurutschen, um an die Schale heranzukommen. Wir Erwachsenen haben unsere Unterhaltung „auf Eis gelegt". Schließlich füllt mein Mann ein paar der Chips in ein gesondertes Schälchen, aus dem sich Jens bedienen kann. Es kehrt wieder Ruhe ein. Jens ist zufrieden. Wir setzen unsere Unterhaltung fort, wenn wir auch eine Weile brauchen, um zu unserem Gespräch zurückzufinden. Karina ist inzischen aufgestanden und beschäftigt sich damit, um den Tisch herumzugehen. Sie ist vergnügt und in ihre Beschäftigung vertieft. Ihr Herumlaufen stört zwar etwas, aber so ist das nun mal. Jens läßt sich dann auch mitreißen. Die beiden lachen und freuen sich daran, eine Art Fangen zu spielen. Schließlich rennen sie herum. „Seid bitte etwas leiser." Kurzes Einhalten, doch bald haben sie sich wieder vergessen, und das Rennen und Lachen geht weiter. Das ist normal, denke ich, aber es ist mir zu laut, und dem Mieter, der unter uns wohnt, ebenfalls, aber Kinder können doch auch nicht nur still herumsitzen.

Stühle hin – Tische her

Im Grunde bin ich froh, wenn es nach der unruhigen und bewegten Freispielzeit endlich Zeit ist für den gemeinsamen Stuhlkreis. Aber bevor alle sitzen, gilt es, „Hürden" zu überwinden. Immer wieder dasselbe: Kinder, die nicht rechtzeitig aufräumen oder Kinder, die weder aufräumen noch mithelfen wollen. Einige Kinder nehmen einen Stuhl, ziehen ihn mehr oder minder hinter sich her oder schieben ihn herum, um sich dann hinzusetzen und zu warten. Eine Weile geht das gut, dann wird es ihnen zu langweilig, und sie beginnen sich irgendwie zu beschäftigen – meistens mit dem Nachbarn, dessen Haaren, dessen Beinen, dessen Pullover, dessen ... Oft gibt's dabei Gelächter, manchmal auch Streit oder Tränen. Ich beeile mich, diesen Zustand möglichst reibungslos zu überbrücken, nehme Stühlchen für Stühlchen und stelle sie zum Kreis auf. An einer Stelle schieben Kinder, die schon saßen, wieder neue Stühle hinzu, oder sie wechseln noch einmal die Plätze. Ich erledige schnell noch ein paar Handgriffe in der Bauecke, wo das Aufräumen heute besonders lange dauert. Der Kreis wird zum Ei. Ich korrigiere, damit er wieder einigermaßen geordnet aussieht. Ein paar wartende Kinder helfen und schließen Lücken, die beim Stellen der Stühle entstanden sind. Sie sind froh, sich damit ihre Langeweile zu vertreiben. Warten, auch wenn's vielleicht nur fünf bis zehn Minuten dauert, ist in solch aktiver Atmosphäre nicht die Stärke der Kinder. Ihr Bewegungs- und Tätigkeitsdrang läßt sie immer wieder von ihren Plätzen aufstehen und aktiv werden.

Ich zähle die Stühle. Es sind noch zu wenig. Wieder nehme ich einzelne Stühlchen in die Hand und schiebe sie auseinander, damit mehr Platz entsteht. Endlich ist es ein Kreis, der einigermaßen rund ist und in dem alle Kinder einen Platz finden.

Einen Stuhlkreis zu stellen ist eigentlich keine Schwierigkeit, aber es dauert eben jeden Tag seine Zeit. Und dieses Hin und Her mit den Stühlen und Tischen kostet Kraft und Nerven. Das ist ja nicht nur beim Stuhlkreisstellen so. Das wiederholt sich jeden Tag, manchmal mehrmals, wenn der Raum notwendigerweise für spezielle Angebote, mitunter sogar innerhalb der Freispielzeit, umgestaltet wird. Da verbrauche ich immer wieder viel zuviel Energie. Danach bräuchte ich eigentlich ein paar Minuten zum Luftholen, um überhaupt mit dem nächsten Angebot beginnen zu können, aber die Kinder noch länger warten zu lassen, das geht nun wirklich nicht.

Zerstreute und unruhige Kinder

Einige Kinder in meiner Gruppe schaffen es einfach nicht, längere Zeit bei einem Spiel oder einer Beschäftigung zu bleiben. Vor allem die Jüngeren holen ständig etwas Neues hervor, fangen damit an zu spielen und möchten es am liebsten gleich wieder weglegen. Manchmal tun sie es auch, aber eigentlich bin ich der Meinung, daß Kinder lernen müssen, das zu Ende zu führen, womit sie begonnen haben. Gelegentlich räumen sie das Material noch nicht einmal wieder ordnungsgemäß weg.

Es ist ja nicht verwunderlich, wenn z. B. ein dreijähriges Kind ein viel zu schwieriges Puzzle ausschüttet. Einmal kann das ja vorkommen, aber wenn es im nächsten Moment wieder etwas hervorholt, anfängt und dann erneut nicht zu Ende führt, dann reißt mir manchmal der Geduldsfaden.

Ähnlich ist es mit Konsumverhalten einzelner Kinder am Maltisch. Ein paar Striche aufs Blatt und dann das nächste Blatt Papier. Es geht mir nicht so sehr um den hohen Materialverbrauch, den ich auch nicht gutheiße, sondern vielmehr um das unstete und oberflächliche Verhalten, das mir Sorgen macht.

Ähnlich sorgenvolle Gefühle empfinde ich auch bei

den Kindern, die gar nicht so recht spielen oder sich beschäftigen wollen. Sie laufen im Gruppenraum umher, und nicht selten stören sie damit noch andere Kinder. Es wird dabei leicht laut oder mindestens unruhig. Herumlaufen, Zuschauen und Sich-Einmischen ist der einzige Zeitvertreib, der diesen Kindern Freude zu machen scheint.

Aber der Kindergarten soll auf die Schule vorbereiten, und dort ist es erforderlich, daß die Kinder ruhig sitzen bleiben und sich längere Zeit konzentrieren können. Ich weiß oft beim besten Willen nicht, wie ich das anstellen soll. Ich kann doch nicht dauernd schimpfen und mehr oder minder starken Druck ausüben. Und jeden Tag so motivierend und begeisternd zu sein, daß selbst diese Kinder sich angesprochen fühlen, dazu habe ich weder die Zeit noch die Kraft oder die erforderlichen Ideen. Dazu müßte man als Erzieherin so etwas wie ein Showmaster oder ein Alleinunterhalter sein, und das bin ich nicht.

... und in der Familie?

Birgit, Mutter von zwei Töchtern: „Manchmal frage ich mich, ob ich eigentlich der Chauffeur meiner Kinder bin. Jetzt muß ich Dorit zur musikalischen Früherziehung bringen, dann Katja vom Kinderturnen abholen, und wenn wir zu Hause sind, erinnern mich beide daran, daß ich ihnen doch versprochen hatte, noch mit ihnen in den Garten zu gehen. Ich bin erschöpft und bräuchte eigentlich auch mal einen Moment Zeit für mich selbst. ‚Geht schon mal alleine nach draußen, ich komme dann nach.' Schon fünf Minuten später stehen sie vor mir: ‚Du wolltest doch kommen. Wir warten.' – ‚Warum spielt ihr denn nicht miteinander?' frage ich. ‚Wir wissen nicht, was. Ohne dich ist es langweilig.' Ich mache ihnen einen Vorschlag, den sie annehmen, aber nach zehn Minuten höre ich sie streiten. Ich gehe hinaus und schlichte. Und dann raffe ich mich doch wieder auf, mich mit ihnen zu beschäftigen.

Es könnte alles so viel einfacher sein

Muß der Erziehungsalltag so aufreibend sein? Gewiß, an manchen Tagen geht vieles leichter, und natürlich gibt es auch manches, das ganz reibungslos abläuft. Aber sicher kennen Sie auch in irgendeiner Form, die oben beschriebenen Probleme. Da möchte man sich manchmal einfach nur hinsetzen, eine Tasse Kaffee trinken und den Kindern und ihrem Treiben einen Moment zuschauen. Aber für die meisten Erzieherinnen wäre das undenkbar. Sie stehen doch alle mehr oder minder unter dem Druck, beweisen zu müssen, daß sie nicht nur spielen und ein wenig auf Kinder aufpassen, sondern ernsthaft arbeiten. Es ist kein Geheimnis, daß viele Menschen die Arbeit von Erzieherinnen nicht wirklich zu schätzen wissen. Das treibt viele von ihnen bewußt oder unbewußt dazu an, ständig aktiv zu sein. Selbst wenn alle Kinder ruhig spielen und keines von ihnen etwas möchte, taucht dieses Gefühl auf, etwas tun zu müssen. Die Angst, faul zu sein oder nichts „Rechtes" zu leisten, sitzt tief. Und auch vielen Eltern geht es nicht anders. Insbesondere die Mütter beschleicht oft ein schlechtes Gewissen, wenn sie sich einmal hinsetzen und ein wenig Ruhe genießen möchten.

Wenn wir noch einmal die zuvor beschriebenen Situationen betrachten, erkennen wir in ihnen Erzieherinnen und Mütter, die unaufhörlich aktiv sind und pausenlos arbeiten. Und so entspricht es der Wirklichkeit. Ich weiß aus meiner eigenen Erfahrung als Erzieherin und aus den vielfältigen Kontakten mit Kindereinrichtungen, daß Erzieherinnen und viele Mütter eher dazu neigen, zuviel zu tun. Sie gehören vielfach zu den Menschen, die sich für alles verantwortlich fühlen, die schlecht „nein" sagen können, die es gerne allen recht machen möchten, die es gewohnt sind, aus geringen Mitteln viel zu machen – sammeln, erfinden, billig organisieren ist „Alltagsgeschäft" –, die hilfsbereit zur Stelle sind, wo man sie braucht, und ähnliches mehr. Sie verhalten sich genau so, wie man es von ihnen erwartet. Und sie tun es gerne, solange sie das können und damit nicht völlig überfordert sind oder gar noch kritisiert werden. Dann resignieren allerdings viele. Das zeigen entsprechende Studien.

Nein, wir tun nicht zuwenig; wir arbeiten in der Regel zuviel. Wir delegieren beispielsweise kaum mal etwas an die Kinder. Wir nehmen ihnen fast alles ab. Wenn ein Kind mit offenem Hosenknopf von der Toilette kommt, muß es sich nur demonstrativ vor uns hinstellen. Es muß nicht einmal etwas sagen, denn wir „funktionieren" ganz von selbst. Hinter dem uns wortlos entgegengestreckten Bein eines Kindes vermuten wir sofort eine offene Schleife am Schuh. Wir reagieren prompt. Ein kreischendes Kind – und wir sind zur Stelle. Ein gelangweiltes Kind – wir motivieren es, lassen uns etwas einfallen. Aufräumen? Wir helfen. Vielleicht machen wir es sogar alleine. Stühle stellen, Tische verrücken? Können wir auch; meistens sogar ohne fremde Hilfe. Wir schleppen, so gut wir können.

Warum ist das so? Warum tun Sie das? Glauben Sie, daß Sie das müssen? Halten Sie das für richtig und gut? Warum sollen die Kinder nicht selbst mehr mithelfen? Ganz abgesehen davon, daß man das alles alleine gar nicht schaffen kann, hat das Mithelfen-Dürfen der Kinder und der damit vermittelte Eindruck, daß sie gebraucht werden, eine hohe pädagogische Bedeutung.[3]

Eine größere und vielgestaltige Gruppe, wie beispielsweise eine Kindergartengruppe, leiten und ihr Führung geben heißt: organisieren, strukturieren und delegieren. Das meinte auch Maria Montessori, als sie ihrer Arbeit den weithin bekannten Leitgedanken gab: „Hilf mir, es selbst zu tun." Dieser Ausspruch stammt übrigens von einem Kind, das sich einmal mit diesem Wunsch an Maria Montessori wandte.

In der Kindergartengruppe sitzen alle in einem Boot. (In der Familie übrigens auch.) Der „Kapitän" ist die Gruppenleiterin. (In der Familie sind es die Eltern.) Sie trägt die Verantwortung und kennt die Richtung, in die gesteuert wird. Sie darf und kann nicht die Aufgaben der „Matrosen" übernehmen. Sie kann nicht an allen Leinen ziehen, steuern, die Planken säubern und auch noch für das Essen sorgen. Hält sie sich aber für einen Matrosen, noch dazu für einen, der für alles zuständig ist, dann geht wahrscheinlich bald alles durcheinander, und von einem geordneten Verlauf ist nichts mehr zu erkennen. Wer weiß, wo und in welchem Zustand das Boot ankommen wird!

---

[3] Vgl. „Die beiden Säulen des Zugehörigkeitsgefühls", in Schoenaker, Theo: Die innere Kündigung, Sinntal 1995.

Ein Kapitän, der *seine* Aufgabe versteht, kennt die Aufgaben und Fähigkeiten seiner Matrosen und setzt diese ein. Alle werden gebraucht: die Kleinen, die Großen, die Starken, die Schwachen, die Lauten und die Leisen. Jeder hat seinen Platz und seine Aufgabe. So ist jeder wichtig, weil jeder gebraucht wird. Montessori sagt: „Jede Art wirkt für das Ganze, und vom Werk eines jeden hängt die Lebensmöglichkeit des Ganzen ab. (...) Die neuen Generationen müssen verstehen, daß in dieser Union jeder Mensch abhängig ist von anderen Menschen und jeder zur Existenz aller beitragen muß."[4] Und so wird alles viel einfacher.

Nein, wir arbeiten nicht zuwenig. Wir arbeiten zuviel. Wir fühlen uns oftmals für alle und alles verantwortlich, und das überfordert und macht müde. Da nimmt es nicht wunder, wenn man bald ans Aussteigen denkt. Aber das muß nicht sein. Mit den Erkenntnissen und Methoden von Maria Montessori läßt sich der Alltag deutlich erleichtern. Sie verstand es, den Kindern zu helfen, sich selbst zu helfen, und von ihr können wir lernen, uns zurückzunehmen. Denn: „Weniger ist oft mehr."

---

[4] Montessori, Maria: „Kosmische Erziehung", Freiburg ²1996 S. 21 u. 25.

Was Kinder brauchen und was Kinder wollen

Wir möchten den Kindern und uns helfen, mehr Ruhe zu haben, mehr Gelassenheit walten zu lassen und mehr Selbständigkeit zu praktizieren. Da stellt sich die Frage: „Was fehlt den Kindern, um so leben zu können? Was brauchen sie?" Diese Frage nach den kindlichen Bedürfnissen ist eine zentrale Frage innerhalb der Pädagogik.

Horchen Sie doch zunächst einmal in sich selbst hinein und stellen sich die Frage: „Was brauche *ich*?" Und erweitern Sie die Formulierung: „Was brauche ich, damit ich gesund und in Frieden mit mir und anderen Menschen leben kann?" – Nehmen Sie sich jetzt etwas Zeit, bevor Sie weiterlesen und dann schon bald wieder bei den Kindern sind! Holen Sie sich etwas zum Schreiben, lehnen Sie sich zurück, atmen Sie ruhig durch, und gönnen Sie es sich, sich selbst zu fragen: „Was brauche ich, damit ich gesund und in Frieden mit mir und anderen leben kann?"

Das, was Sie momentan am meisten entbehren, ist vielleicht das, was Ihnen zuerst eingefallen ist. Viele unserer Bedürfnisse entspringen dem Moment, der Situation, der Lebensphase, in der wir uns gerade befinden. Manches wird vermutlich aber auch schon das ganze Leben für Sie von Bedeutung sein. Ob es sich aber um kurz- oder längerfristige Bedürfnisse handelt, eines ist bestimmt allen gemeinsam: Das, was Sie brauchen, ist auch genau das, was Sie wollen. – Stimmt's? – Und so geht es auch den Kindern. *Was Kinder brauchen, ist das, was sie wollen.*[5]

---

[5] Umgekehrt ist das nicht immer der Fall. Was Kinder wollen, ist nicht unbedingt das, was sie brauchen.

Seltsamerweise meinen wir Erwachsenen, daß es in bezug auf die Kinder gewissermaßen zweierlei Bedürfnisse gäbe: 1. das, was sie wollen; und 2. das, was sie sollen, aber im Grunde nicht wollen. Zu ersteren zählen wir beispielsweise die Liebe und Wärme, das Geborgensein, den Bewegungsraum u. ä. Das ist, was Kinder sich wünschen. Zweitens glauben die meisten Erwachsenen, daß Kinder zwar lernen sollen, es in der Regel aber nicht wollen. (Jedenfalls nicht das, was sie lernen sollen.) Oder wir meinen, daß Kinder ausreichend Schlaf brauchen, aber oftmals nicht schlafen wollen.

Diese Einteilung macht Montessori nicht. Sie sieht diese in der Realität tatsächlich zu erlebende Diskrepanz ganz anders. Ihrer Meinung nach wollen und müssen Kinder mit vielem erst noch ihre Erfahrungen machen. Säuglinge brauchen beispielsweise einen trockenen Po, und den wollen sie auch, aber sie können ihn vorerst noch nicht selbst trockenhalten. Sie wollen und brauchen auch, daß wir mit ihnen sprechen, bevor sie selbst mit uns sprechen können. Daß sie das noch nicht können, ist also überhaupt kein Indiz dafür, daß Kinder nicht sprechen wollen oder sie dieses Bedürfnis nicht haben. Sie werden sprechen, das wissen wir, sobald sie reif dazu sind. Vorher das Kind zum Sprechen zu zwingen oder aber gar nicht mehr mit ihm zu sprechen, könnte dazu führen, dieses Bedürfnis im Kind abzutöten und, schlimmer, auch die Fähigkeit dazu auszulöschen.

Weiterhin wünschen Kinder sich z. B. Liebe und Zärtlichkeit, obwohl sie selbst noch völlig unvermögend sind, Liebe und Zärtlichkeit auf dieselbe Weise auszudrücken wie wir. Die Mutter beugt sich liebevoll über ihren wenige Monate alten Säugling, spricht mit warmer Stimme und streichelt den Kleinen, während der plötzlich seine Händchen ausstreckt und ihr die Brille von der Nase reißt. Braucht das Kind deshalb keine Liebe? – Sollte man es zu „liebevollerem" Verhalten zwingen, ihm nachhaltiger diese „gemeinen" Impulse austreiben? Das wäre logisch, wenn wir davon ausgingen, daß man Kinder zu ihrem Glück zwingen muß, weil sie selbst noch nicht wissen, was gut für sie ist, was sie brauchen. Aber wir wissen es besser, zumindest bei so kleinen Kindern: Das Kind wird, wenn wir selbst ihm die nötige Liebe entgegenbringen, ganz von selbst anfangen, liebevolles Verhalten zu zeigen. Anfangs versucht es vielleicht noch etwas ungeschickt, das kleine Geschwisterchen oder den Hund zu streicheln, doch sein Verhaltensrepertoire wird wachsen, und es wird zunehmend einfühlsamer und geschickter darin werden, Liebe auszudrücken, *wenn es reif dafür ist*.

Es kann aber auch mitunter ganz anders sein. Da beobachte ich bei einem meiner Praxisbesuche im Kindergarten ein vierjähriges Mädchen, das beim Formen mit Salzteig immer wieder etwas davon in den Mund zu stecken versucht. Die Praktikantin paßt auf und erklärt, daß es nicht gut sei, davon zu essen. Ihre gutgemeinten und wiederholten Ermahnungen und Verbote fruchten nicht. Schließlich kommt mir der Gedanke, daß wohl nicht viel passieren kann, wenn das Mädchen etwas von dem Salzteig essen würde. Deshalb sage ich: „Karin ist nicht dumm; sie kann selbst entscheiden. Lassen Sie sie ruhig essen." Und zum Kind gewandt sage ich: „Iß ruhig! Probier's aus!" Das Mädchen nimmt von dem Teig, zögert dann und schaut mich an. Dann huscht ein verschmitztes Lächeln über ihr Gesicht, und sie schüttelt plötzlich den Kopf, mit einem Ausdruck, der sagt: „Ich bin doch nicht blöd!" und legt den Salzteig wieder zurück. Das Problem ist gelöst. So kann es auch gehen. Manchmal können wir uns gar nicht wirklich fragen oder erspüren, was gut für uns ist, was wir brauchen, weil wir in diesem Moment vielleicht lieber Aufmerksamkeit bekommen oder einen Machtkampf gewinnen wollen.[6] Aber eines ist trotzdem sicher: Wir dürfen und können keinen Menschen und auch kein Kind zu seinem Glück zwingen, so wie man eine Rose nicht zwingen kann zu blühen. Deshalb ist es unsere große und ehrenvolle Aufgabe zugleich, dem Kind die Bedingungen zu schaffen, unter denen es ganz freiwillig wächst und sich entwickelt.

Das Konzept individueller Unterschiede

Das Kind ist „sein eigener Baumeister"

„Jeder ist seines Glückes Schmied", sagt eine alte Spruchweisheit. Damit ist nicht nur gemeint, daß jeder selbst für sein eigenes Glück verantwortlich ist, sondern vor allem auch, daß wir Glück nicht von außen in einen anderen Menschen einpflanzen oder hineinerziehen können. Wir können zwar andere Menschen erfreuen und ihnen glückliche Stunden oder vielleicht auch Jahre bereiten, aber immer, indem wir uns auf das ausrichten, was unser Gegenüber glücklich zu stimmen vermag.

---

[6] Vgl. Dreikurs, Rudolf/Blumenthal, Erik: „Eltern und Kinder – Freunde oder Feinde?", Stuttgart 1973.

Glücklich macht, was unserer Bestimmung, unserem Wesen und unseren Möglichkeiten entspricht. Der Efeu findet seine Bestimmung, wenn es klettern kann, die Seerose, indem sie schwimmt, die Tulpe entfaltet sich erst richtig, wenn sie aufrecht wachsen kann, und das Steinkraut, wenn es am Boden kriecht. Alle sind Pflanzen, und doch finden alle ihre optimalsten Entwicklungsbedingungen auf ganz unterschiedliche Weise. Dazu folgende Geschichte, deren Verfasser unbekannt ist:

Es gab einmal eine Zeit, da hatten die Tiere eine Schule. Der Lehrplan bestand aus Rennen, Klettern, Fliegen und Schwimmen, und alle Tiere wurden in allen Fächern unterrichtet.

Die Ente war gut im Schwimmen; besser sogar als der Lehrer. Im Fliegen war sie durchschnittlich, aber im Rennen war sie ein besonders hoffnungsloser Fall. Da sie in diesem Fach so schlechte Noten hatte, mußte sie nachsitzen und den Schwimmunterricht ausfallen lassen, um das Rennen zu üben. Das tat sie so lange, bis sie auch im Schwimmen nur noch durchschnittlich war. Durchschnittliche Noten waren aber akzeptabel, darum machte sich niemand Gedanken darum, außer der Ente.

Das Kaninchen war anfänglich im Laufen an der Spitze der Klasse, aber es bekam einen Nervenzusammenbruch und mußte von der Schule abgehen wegen des vielen Nachhilfeunterrichts im Schwimmen.

Das Eichhörnchen war Klassenbestes im Klettern, aber sein Fluglehrer ließ es seine Flugstunden am Boden beginnen anstatt vom Baumwipfel aus. Es bekam Muskelkater durch Überanstregung bei den Startübungen und immer mehr „Dreien" im Klettern und „Fünfen" im Rennen.

Die mit Sinn fürs Praktische begabten Präriehunde boykottierten die Schule und gaben ihre Jungen zum Dachs in die Lehre, als die Schulbehörde es ablehnte, Buddeln in den Lehrplan aufzunehmen.

Alle sind Tiere, und doch kann jedes mit ganz unterschiedlichen Stärken glänzen. Nicht anders ist es bei Kindern. Alle sind Menschen, und doch findet jedes seine Bestimmung auf ganz unterschiedliche Weise. Jeder Mensch wird glücklich sein, wenn er so leben und wachsen darf, wie es seinem Wesen und seinen Möglichkeiten entspricht. Und dann wird er auch gerne und ganz wie von selbst seine besten Möglichkeiten entfalten. Zwingen wir ihm aber anderes auf, dann wird jeder Mensch sich unverstanden, ungeliebt und auch unvermögend fühlen. Im mildesten Fall könnte ihn das passiv machen, aber er könnte ebensogut rebellieren. Vielleicht erinnern Sie sich selbst an Situationen aus Ihrer Kindheit oder auch später, wo Leistungen oder Verhalten von Ihnen gefordert wurde, von denen Sie deutlich gespürt haben: Das bin ich nicht. Das entspricht mir nicht. Vermutlich haben Sie sich dadurch nicht angespornt und motiviert gefühlt, sondern haben eher traurig resigniert oder verärgert protestiert.

Einem Hasen nützt es eben wenig, wenn man ihm klarmacht, daß es Tiere gibt, die fliegen, und daß das in vielen Situationen eine gute Sache ist. Ebenso wird die Ente sich unverstanden und heillos überfordert fühlen, wenn man ihr rät oder gar von ihr verlangt, wie ein Hase zu rennen.

Was jedes Lebewesen werden kann, ist als Potential in

ihm angelegt. So wie in der Kastanie das Potential für den ganzen Baum, seine Blüten und Früchte liegt, so liegen auch im Kind alle seine Lebensmöglichkeiten verborgen. Ein wunderbarer Text sagt: „Betrachte den Menschen als ein Bergwerk, reich an Edelsteinen von unschätzbarem Wert. Nur die Erziehung kann bewirken, daß es seine Schätze enthüllt und die Menschheit daraus Nutzen zu ziehen vermag."[7] Auf genau diese Wahrheit bezog sich Maria Montessori, als sie davon sprach, daß jedes Kind sein eigener Baumeister sei. Jedes Kind, so erkannte sie, ist unbewußt Träger eines Plans dessen, was es werden kann. Es spürt intuitiv, was es kann und was ihm entspricht. Und es ist fähig und willens, sich seiner Eigenart gemäß an die unterschiedlichsten Lebensbedingungen anzupassen. Kein Kind käme je auf die Idee, das Erlernen seiner Muttersprache zu verweigern und statt dessen lieber eine andere Sprache zu lernen. In China lernt jedes Kind selbstverständlich chinesisch, und das wiederum tut jedes Kind auf seine Weise und in seinem Tempo. Eltern, dort wie hier, können ihre Kinder nicht dazu bewegen zu sprechen, wenn diese nicht wollen oder noch nicht reif dazu sind. Aber sie können die im Kind angelegte Sprechfähigkeit dadurch anregen, daß sie mit ihm sprechen, sich ihm liebevoll zuwenden und seine zunächst vielleicht noch kläglichen Versuche der Lautbildung freudig unterstützen. Nicht anders ist es, wenn ein Kind laufen lernt, rechnen, schreiben, singen oder radfahren. Immer sind es die im Kind ruhenden Potentiale, die entfaltet werden können oder die im ungünstigen

---

[7] Bahá'u'lláh, „Botschaften aus Akka" 11:3, Hofheim-Langenhain 1982.

Fall ungenutzt bleiben. Deshalb kommt der Erzieherin eine außerordentliche Rolle als Beobachterin des Kindes zu. Sie verfolgt aufmerksam, welche Bedingungen das Kind voranbringen, welche seine „Edelsteine" sind, womit es wirken und nützlich sein kann. Und auf diese Weise folgt sie dem inneren Plan des Kindes, „dient" ihm und trägt so dazu bei, daß das Kind sich bestmöglich entwickelt. Sie schafft ihm damit gleichzeitig auch die Basis für sozial nützliches Verhalten. Denn eines ist klar: Nur zufriedene Kinder können sich sozial konstruktiv verhalten. Überforderte, unterforderte oder unverstandene Kinder zeigen zwangsläufig immer irgendeine Form störenden oder destruktiven Verhaltens. Das gilt aber nicht nur für Kinder, sondern Sie kennen es sicher auch von sich selbst. An Tagen, an denen Sie sich gut und ausgeglichen fühlen, sind Sie auch eine gute Erzieherin. Nörgelt man aber an Ihnen herum und überfordert Sie, dann wird es Ihnen kaum noch gelingen, verständnisvoll und geduldig auf Kinder und Eltern zuzugehen.

„Milch und Liebe"

Nahrung für Körper, Geist und Seele

„Das ganze Geheimnis liegt in zwei Worten: Milch und Liebe".[8] Das Kind braucht außer der angemessenen körperlichen Nahrung und Pflege gleichermaßen die richtige geistige und seelische Nahrung und Pflege, die Montessori unter dem Begriff Liebe zusammenfaßt. Das

---

[8] Montessori, Maria: „Dem Leben helfen", Freiburg 1992, S. 151.

leuchtet jedermann ein und wird von keiner pädagogischen Auffassung geleugnet. Wie gegensätzlich einzelne Richtungen auch sein mögen – daß Kinder Liebe brauchen, bezeugen alle. Das klingt einfach und wie das Selbstverständlichste von der Welt. Aber es klingt eben nur so. In Wirklichkeit, so wissen wir, ist das mit der Liebe eine sehr schwierige und komplizierte Angelegenheit. Haben Sie sich von Ihren Eltern immer geliebt gefühlt? Wenn Sie sie fragen, werden Sie Ihnen sicher antworten, daß sie Sie immer geliebt haben, auch in den Momenten, in denen Sie sich ungeliebt und unverstanden fühlten. Denn: was genau ist Liebe? Ist es Liebe, wenn man ein Kind verwöhnt, wenn man hilft, wo man nur kann? Oder ist es Liebe, wenn man das Kind tun läßt, was und wie es ihm beliebt? Oder ist es Liebe, wenn man auch mal streng ist, Prinzipien hat und Grenzen setzt? Ist Liebe vielleicht doch, wenn Sie das Kind zu seinem Glück zwingen und es dann unter Druck das Abitur schafft, ein erfolgreicher Sportler wird oder lernt, Klavier zu spielen?

Hören wir dazu ein paar Aussagen von Kindern im Alter von etwa zehn Jahren auf die Frage: Was ich mir wünschte, wenn ich nochmal auf die Welt käme.[9]

... Daß Kinder nicht nur im Jahr des Kindes so umsorgt werden, nicht daß im anderen Jahr das Kind wieder Luft ist.
... Daß ich nicht so verwöhnt werde – ich möchte einfach nur leben.
... Daß meine Mutter nicht so schreit.

---

[9] Umfrage von Prof. Hildegard Holtstiege, in: Päd. Schriften 2, hrsg. von der Aktionsgemeinschaft Deutscher Montessori-Vereine e. V.

... Wenn Gäste kommen, sollen die Eltern uns nicht gleich wegschicken.
... Eine meiner größten Sorgen möchte ich jetzt aussprechen. Ich würde gerne nicht immer so böse sein.
... Ich möchte nicht immer der „Kleine" sein.
... Daß die Welt schöner wäre. Daß nicht mehr so viel Schmutz herumliegen würde.
... Daß ich keine Einlagen tragen muß.
... Daß die Eltern etwas lieber die bösen Wörter sprechen und die Großen nicht immer die große Klappe haben.
... Ich möchte mehr lachen können, möchte ein lustiges Gesicht haben.
... Dann hätte ich mir einen Teddybär zum Schmusen gewünscht ..., den hätte ich abends mit ins Bett genommen. Wenn ich klein wäre, hätte ich mir noch ein Hottepferd gewünscht, auf dem man schaukeln kann ... Mit den Sachen wäre ich ein glückliches Kind gewesen.
... Daß es keine bösen Menschen gäbe und und daß alle fröhlich sind.

Bei all diesen doch sehr bewegenden Aussagen der Kinder ist für mich vor allem erstaunlich, daß von den ca. 700 befragten Kindern 570 Kinder Wünsche äußerten, die sich auf ein besseres menschliches Zusammenleben beziehen. (Nur 72 (!) Kinder hatten konkrete materielle Wünsche.) Kinder möchten zuallererst ernst genommen werden. Das heißt für sie, nicht „Luft" zu sein, nicht weggeschickt zu werden, gut sein zu können und auch fröhlich. Dann empfinden sie sich als genauso wertvoll wie die Erwachsenen und nicht als Menschen zweiter Klasse. Am schlimmsten ist es für sie wohl, wenn „Eltern denken: Ach, was kann unsere Tochter (unser Sohn) schon für Sorgen haben! Kindersorgen ... Sie nehmen uns einfach manchmal nicht ernst. Vielleicht sind es auch nur Kindersorgen, und man sollte aber trotzdem mit den Eltern darüber reden können. Gemein ist es aber, wenn Eltern ihre Kinder zwar anhören, aber danach genau so denken wie davor: Kinder haben vielleicht Sorgen!"[10]

Was Kinder sich am meisten wünschen, ist eigentlich nichts Besonderes, nicht Utopisches. Oder doch? Sie wünschen sich eine bessere Welt, in der ein friedvolles Miteinander möglich ist. Sie wollen dazugehören und dadurch ihren Wert als Mensch spüren. All das wollen sie zunächst in ihrer Welt: Familie, Kindergarten, Schule, Hort, ... Das spüren sie, wenn ganz konkrete kindliche, aber auch allgemein menschliche Grundbedürfnisse und -rechte erfüllt sind. Denn wie die Pflanze nur wachsen kann, wenn sie die Bedingungen vorfindet, die sie benötigt, so kann auch das Menschenkind nur dann wachsen und sich bestmöglich entwickeln, wenn es die ihm entsprechenden Lebensbedingungen vorfindet. Es braucht deshalb eine Umgebung, die auf es abgestimmt ist. In einer Erwachsenenwelt, in der alles viel zu hoch, viel zu groß, viel zu vornehm, viel zu zweck- und verstandesorientiert ist, muß es unweigerlich Schwierigkeiten haben und auch machen. Es braucht klare und verläßliche Verhältnisse, damit es sich leicht zurechtfinden und sicher fühlen kann, dann wird es auch nicht verunsichert und gestört reagieren. Und es braucht den Glauben der Erwachsenen an das Gute in

---

[10] Ebd.

ihm, damit es dieses Gute auch entfalten kann. Ist es häufiger Kritik und Korrektur ausgesetzt, wird es seine Freude am Lernen und Wachsen verlieren, weil es damit auch selbst den Glauben an seine guten Möglichkeiten verliert.

All das hat Montessori genau erkannt. Vieles hat sie detailliert beschrieben, manches hat sie aber auch einfach intuitiv getan. Meine jahrzehntelange Arbeit mit Kindern hat mir gezeigt, daß sich vor allem ihre Grundprinzipien sehr leicht in der Erziehung umsetzen lassen, mit deren Hilfe vieles deutlich leichter wird, nicht nur für Kinder, sondern auch für Erzieherinnen und Eltern. Dann läßt es sich streß- und angstfreier leben, und dann können Kinder wie Erwachsene auch eher wieder zum Wohle der anderen in der Gruppe bzw. der Familie beitragen.

Wie diese Ziele erreicht werden können, zeigt dieses Buch in den weiteren Kapiteln in systematischen und praktisch leicht nachvollziehbaren Schritten auf.

Der praktische Weg

Das Konzept

Kommen wir also zur Praxis. Ich werde Ihnen unterschiedliche Themenschwerpunkte aus der Montessori-Pädagogik vorstellen, die vornehmlich um das Grundthema Ordnung kreisen. Anhand dieser Schwerpunkte habe ich ein konkretes Vorgehen in wöchentlichen Schritten entwickelt, an die Sie sich zur praktischen Umsetzung halten können, sowohl im Kindergarten als auch zu Hause.

Anfangs zeige ich zu den jeweiligen Themen einen *theoretischen Rahmen* auf, der bewußt praktisch ausgerichtet ist und viele nachvollziehbare Beispiele aus dem Lebens- und Erziehungsalltag aufgreift. Dies dient dem besseren Verständnis der Grundprinzipien von Montessori.

Dann folgt eine *Zusammenfassung*, die Sie im Gruppenraum oder in der Wohnung zur Erinnerung aufhängen können. Sie können sie auch als Grundlage für Arbeitsgruppen oder Gesprächsrunden verwenden.

Als Abschluß der einzelnen thematischen Schwerpunkte folgt ein *Umsetzungsplan für den Alltag*. Dieser erfolgt in logisch aufgebauten und leicht umsetzbaren wöchentlichen Schritten. Wir haben mit diesem Plan schon viele Erfahrungen gesammelt und können deshalb Erfolg garantieren (siehe Ergebnisse), wenn Sie sich an die Schritte halten. Vieles von dem, was wir Ihnen vorschlagen, werden Sie schon immer so gedacht und gemacht haben, dessen bin ich mir bewußt. Gönnen Sie es sich auch, sich an Ihren Erfolgen zu freuen, und schauen Sie nicht nur auf das, was Sie noch nicht erreicht oder umgesetzt haben.

Viele Erzieherinnen haben schon mit diesem Konzept gearbeitet. Im folgenden ein Auszug aus den Ergebnissen[11] einer Befragung von 130 Erzieherinnen aus unterschiedlichen Einrichtungen.

Über **90%** aller Befragten stimmen folgenden Aussagen zu:
- Ich kann die gelernten Prinzipien im Berufsalltag anwenden.
- Die Umsetzung der Prinzipien ist eine Erleichterung für meine Arbeit.
- Ich fühle mich durch die Inhalte dieses Konzeptes bestätigt.
- Ich verstehe manche Verhaltensweise meiner Kinder besser.

Über **80%** können folgendes bejahen:
- Ich bin selbst gelassener.
- Ich kann das, was ich tue, besser vertreten.
- Ich habe erfolgreich einige Regeln eingeführt.
- Ich beziehe die Kinder mehr in meine Überlegungen mit ein.

---

[11] Das exakte Befragungsergebnis können Sie bei der Autorin anfordern.

Über **70 %** geben Fortschritte in folgenden Bereichen an:
- Meine Kinder halten mehr Ordnung.
- Ich traue mir mehr zu.
- Ich spreche weniger.
- Ich sehe mehr Sinn in meiner Arbeit.

Vielleicht machen Ihnen die Erfolge dieser Erzieherinnen Mut.

Kinder brauchen Ordnung

„Die Ordnung ist ein Naturgesetz, und
wenn sich die Ordnung spontan bildet, wissen wir, daß wir in die universale Ordnung
eintreten."

Maria Montessori

Ein altes Thema im neuen Licht

Mit Ordnung verbinden die meisten Menschen zuallererst Ordentlichkeit. Sie denken an Auf- und Wegräumen. Brauchen Kinder das? – Sie selbst würden uns auf diese Frage vielleicht antworten, daß es ihnen nichts ausmacht, wenn es unordentlich ist. Wie ist das dann mit der Behauptung: Kinder brauchen Ordnung?

Vergessen Sie für einen Moment die Kinder und folgen Sie mir gedanklich in eine Situation aus der Erwachsenenwelt. Stellen Sie sich vor, Sie sind mit dem Auto unterwegs in eine Großstadt, in der Sie sich nicht auskennen. Sie wollen dort ein ganz bestimmtes Ziel erreichen: eine Sehenswürdigkeit, eine Sportstätte, das Messegelände o. ä. Sie haben sich zuvor den Stadtplan angesehen und sich auf diese Situation vorbereitet. Dann und wann erkennen sie den Namen einer Straße oder eines Gebäudes, weil Sie ihn bei Ihren Vorbereitungen gelesen haben. Sie sind guter Dinge, denn Sie wissen: „Ich bin auf dem richtigen Weg. Alles ist in Ordnung. Das klappt ja wunderbar." Sie freuen sich darauf, Ihr Ziel zu erreichen. Nach einer Weile des Fahrens erscheinen Ihnen jedoch die meisten der Namen unbekannt. Ihre Konzentration steigt, und Sie schauen genauer hin. Dabei geraten Sie in eine Einbahnstraße, können nicht gleich wenden und verlieren so ein wenig die Orientierung. Das ist nicht gerade erfreulich, aber auch nicht weiter tragisch. Sie halten an, schauen auf der Karte nach und starten einen erneuten Versuch. Sie fahren umher und versuchen, irgendeinen bekannten Namen oder ein vertrautes Schild zu entdecken. Aber? – Nichts!!

Lassen Sie uns an dieser Stelle unseren „Ausflug" kurz unterbrechen. Je nachdem wie lange Sie schon fahren, werden Sie angespannt und erschöpft sein. Was glauben Sie, wie lange Sie noch in dieser Weise weiterfahren und weitersuchen können, bis Sie mit den Nerven am Ende sind? Schaffen Sie es zehn Minuten, 20 oder vielleicht sogar 40 Minuten?

Sicher können Sie noch einmal zehn bis 20 Minuten abziehen, wenn ihre Suche unter erschwerten Bedingungen stattfindet. Stellen Sie sich vor: Es ist heiß im Auto. Oder: Sie sind schon müde und angespannt in der Stadt angekommen. Oder: Sie kennen die Sprache der Beschilderungen nicht. Neben Ihnen sitzt jemand, der Ihnen „schlaue" Ratschläge gibt: „Paß doch auf. Stell dich nicht so an! Warum tust du auch nicht, was ich dir sage? Guck doch auch richtig hin! Gib Gas!" Dann dauert es nicht mehr lange, und Sie halten vielleicht einfach an, egal wie und wo. Oder Sie sind verzweifelt, einfach überanstrengt und fangen an zu weinen. Vielleicht fangen Sie auch einen Streit an, oder Sie schimpfen auf die blödsinnige Beschilderung. In einer solchen Situation reagiert jeder auf seine Weise, je nachdem, welcher Typ Mensch man ist.

Was ist passiert? Warum reagieren wir Menschen auf diese Weise und suchen nicht einfach fröhlich weiter?

Menschen brauchen Ordnung. Das bedeutet: Sie müssen sich orientieren können, wissen, wo sie sind und wohin sie gehören. Sie brauchen Überblick und Klarheit, damit sie sich sicher fühlen können. Wenn wir nicht wissen, wohin etwas führt und wie lange sich etwas noch hinzieht, werden wir nervös, unsicher und ängstlich. Und auf diesen Gemütszustand reagieren manche Menschen mit Rückzug, manche mit Verzweiflung, manche mit erhöhter Aktivität, andere mit Aggression, wieder andere mit Depression. Aber kaum jemand kann solch eine Situation der Unklarheit, Unsicherheit und Unübersichtlichkeit lange verkraften.

Und genau das meinte Montessori, wenn sie von Ordnung sprach. Sie dachte dabei nicht in erster Linie an Ordentlichkeit, sondern daran, daß Menschen Sicherheit, Klarheit und Verläßlichkeit brauchen. Und diese entsteht natürlich auch zu einem gewissen Teil durch Ordentlichkeit, dadurch, daß es aufgeräumt ist. Aber es gibt Menschen, die in einer scheinbaren Unordnung leben, bei denen es nicht aufgeräumt ist, vieles herumliegt, der Schreibtisch übervoll ist und die sich in ihrer Umgebung sehr wohl fühlen. Bei genauem Beobachten erkennt man aber, daß auch diese Menschen ihre eigene Ordnung haben. Sie kennen sich in ihrer „Unordnung" aus, wissen oftmals ganz genau, in welchem Stapel was zu finden ist. Und sie reagieren äußerst irritiert und verärgert, wenn man ihnen mal Ordnung machen will. Einer meiner Freunde arbeitet in einem aus meiner Sicht völlig chaotischen, unüberschaubaren und übervollen Büro. Überall liegen nicht abgeheftete und unsortierte Papiere herum. Wenn ich ihn ärgern will, muß ich nur fragen: „Soll ich dir mal dein Büro aufräumen?" Dann geht er „hoch" und wehrt sich, so gut er nur kann, mit der Begründung: „Dann finde ich hinterher nichts mehr wieder."

In diesem Sinne ist es auch nicht immer eine echte Hilfe, wenn uns jemand beim Abwasch in der Küche hilft und nicht recht weiß, wohin die einzelnen Dinge, z. B. der Schneebesen, einzuordnen sind. Wenn Sie ihn das nächsten Mal benutzen wollen, reicht der gewohnte Handgriff in die Schublade nicht aus, denn dort liegt er nicht, und Sie müssen zusätzliche Energie darauf verwenden, um ihn zu suchen. Das könnte sehr ärgerlich sein, wenn ihnen beispielsweise in der Zwischenzeit etwas anbrennt oder überkocht. Ordnung bedeutet auch, daß wir uns darauf verlassen wollen, daß morgen alles wieder so ist, wie es heute war. Stellen Sie sich vor, Sie hätten sich nun endlich in oben beschriebener Stadt zurechtgefunden und am nächsten Tag käme man auf die Idee, den Verkehr wieder völlig anders zu regeln.

Ein anderes Phänomen unserer Ordnungsliebe ist, daß die meisten Menschen sich immer wieder an den gleichen Platz setzen. In fast jeder Familie gibt es so etwas wie eine Sitzordnung, obwohl diese niemals abgesprochen wurde. Ich habe einen Kongreß mit ca. 700 Erzieherinnen erlebt; obwohl die Stuhlreihen und Sitzplätze nicht numeriert waren, ging nach der Mittagspause die Suche nach dem „eigenen" Platz los. „Ich glaube, wir saßen hier. Dort ist der Pfeiler, und die blonde Frau saß heute morgen auch schräg vor uns."

Ja, Menschen brauchen und lieben Ordnung. Sie gibt ihnen Sicherheit und vermag, vor allem in fremden Situationen, ein Stück Geborgenheit zu schaffen.

Versuchen Sie, sich jetzt einmal ihren Gruppenraum oder ihr Wohnzimmer vorzustellen! Machen Sie sich ein Bild davon, wie dieser Raum eingerichtet ist und wie er aussieht! – Wenn Sie dies tun, dann „betrachten" sie ihn von einer ganz bestimmten Warte aus. Vielleicht stehen Sie in Gedanken im Türrahmen oder schauen von dem Platz aus, an dem Sie sich öfter aufhalten. Dieses Bild ist nämlich ohne Anstrengung abrufbar, weil es so „gespeichert" ist. Probieren Sie mal, wieviel Anstrengung es kostet, sich den Raum von der Decke aus vorzustellen! Merken Sie, wie Sie in Ihrer Vorstellung, in Ihrem Kopf arbeiten müssen, damit Sie die Vogelperspektive, die Sie ja nicht wirklich kennen, produzieren müssen? Ähnlich anstrengend wäre es, wenn Sie sich immer wieder an einen anderen Platz setzen würden, die Dinge in ihrer Umgebung immer wieder anders angeordnet wären, der Griff zur Zahnbürste mit Suchen begänne und die Bilder an der Wand täglich oder häufig wechseln würden. Sie müßten sich immer wieder neu orientieren, und ein Gefühl der Vertrautheit würde kaum aufkommen, denn Sie könnten sich auf nichts verlassen, weil ja am nächsten Morgen wieder alles ganz anders wäre.

Natürlich finden wir auch Abwechselung schön und anregend, aber in einem erträglichen Maß. Und dieses Maß ist für jeden Menschen verschieden. Die meisten Menschen lieben sehr die Abwechselungen und Veränderungen, die sie selber planen und initiieren, die wenigsten mögen es, wenn andere in ihre Ordnung „eingreifen". Vielleicht finden Sie es dann und wann schön, die Möbel in Ihrer Wohnung umzustellen, aber würde es Ihnen auch gefallen, wenn Sie nach Hause kämen und Ihre Eltern oder Ihre Kinder hätten das für Sie gemacht?

Auch in Sachen Ordnung, wie bei allem im Leben, geht es um das rechte Maß. Ordnung in übertriebener Form kann etwas Zwanghaftes haben; auf der anderen Seite bewirkt das Fehlen von Ordnung den Verlust der inneren und äußeren Sicherheit.

Kinder und Ordnung

Montessoris bekanntestes Buch trägt den Titel „Kinder sind anders". Dies soll vor allem ausdrücken, daß Kinder anders sind, als wir Erwachsenen denken. Montessori wollte die Vorurteile, die Kindern gegenüber auch heute noch bestehen, ausräumen. Ein ganz wesentliches Vorurteil bezieht sich auf die Ordnungsliebe der Kinder. Aber Sie haben es sicher schon bemerkt: Was für uns Erwachsene in bezug auf Ordnung gilt, das ist bei den Kindern auch nicht viel anders.

Ein Beispiel aus dem Kindergarten: Es ist noch früh am Morgen, der Gruppenraum ist zunächst noch leer. Wir gehen einmal davon aus, daß die Kinder, die kommen, „normal" und ausgeglichen sind. Die ersten, die kommen, schauen zunächst ein wenig herum, finden schließlich ein Spiel und auch ihren Platz am Tisch oder im Raum. Alles ist in Ordnung. Dann kommen weitere Kinder, die auch zu ihrem Spiel finden. Wunderbar! – Irgendwann, vielleicht nach ein bis zwei Stunden, ist eine Neuorientierung notwendig. Die erste Spielphase ist beendet, und es gilt, neues Material und neue Spielpartner zu finden. Jetzt ist der Raum durch die Bewegung vieler Kinder – die Gruppe ist um diese Zeit in der Regel vollzählig – viel unüberschaubarer geworden. Da kann es dann zugehen wie auf einer mehrspurigen Straße im Großstadtverkehr: Da kommt jemand, einer will das nicht – hier kommt mir jemand zuvor – dort meckert ein anderer – das Spiel, das ich gerne wollte, ist schon weg – hier fehlt eine Karte ... Und so geraten Kinder in Orientierungslosigkeit.

Jedes Kind versucht solch eine Situation auf seine Weise zu „meistern". Manch eines setzt sich auf den erstbesten freien Stuhl und bleibt dort so lange sitzen, wie Sie es lassen. Andere Kinder versuchen, geschäftig den Raum zu „erobern", machen diese und jene Schublade auf, schauen in Schränke hinein und leben nach dem Motto „Angriff ist die beste Verteidigung". Einzelne Kinder weinen oder werden aggressiv. Sie verlieren die Nerven, genauso wie es manche Erwachsene in einer vergleichbaren Situation tun würden. Da nützt Schimpfen herzlich wenig, Härte gar nichts, und es hilft dem entnervten Kind auch nicht, wenn sie ihm erklären, daß alles gar nicht so schlimm ist, weil es ja bald wieder vorbei sein wird. Viel hilfreicher ist es für das Kind, wenn Sie seine momentane Situation verstehen und ihm das auch zeigen. Selbst wenn Sie nichts ändern können, ist dem Kind damit schon viel geholfen.

Für ein etwa dreijähriges Kind, das noch wenig Erfahrungen außerhalb seines Familienkreises besitzt, ist die Orientierung natürlich ungleich schwieriger als für ältere Kinder und Erwachsene. Für solch ein Kind ist vor allem der Eintritt in den Kindergarten in etwa die gleiche Erfahrung, die Sie machen, wenn Sie versuchen, sich in oben beschriebener Stadt zurechtzufinden. Es kann den Raum gar nicht überblicken, dazu ist es noch zu klein. Es kennt weder die Menschen dort noch die Materialien. Die Dauer des Vormittags wird ihm möglicherweise zum Alptraum, denn es kennt die Uhr nicht, und sein Zeitgefühl ist ebenfalls noch nicht entsprechend ausgebildet. Minuten können ihm wie Ewigkeiten vorkommen. Das Treiben in der Gruppe kann ihm bedrohlich erscheinen, wenn es z. B. nicht versteht, warum hier und da eines der Kinder weint, einen Streit entfacht oder man plötzlich von seinem Stuhl aufstehen und Platz machen muß. Neue Regeln können solch ein Kind wie ein Schlag treffen.

Wie ein rettender Engel muß ihm in dieser Situation der Anspannung, der Unsicherheit, vielleicht sogar der Verlorenheit ein Mensch erscheinen, der ihm etwas Orientierungshilfe gibt, der sagt: „Komm, ich zeige dir mal ...", oder: „Hier kannst du dich hinsetzen. Damit darfst du spielen. Die Toilette ist dort. Wir räumen jetzt auf, weil wir nachher noch etwas gemeinsam machen wollen. Darf ich dir ein Spiel zeigen? Möchtest du mal zuschauen?" Irgendwann weiß es: Jetzt ist schon Frühstückszeit, jetzt ist Zeit für den Stuhlkreis oder für das Zähneputzen, und bald ist die Zeit des Vormittags vorüber. – Darum ist es für Kinder gut, nicht ständig mit Abwechslung aufzuwarten, sondern ihnen die Sicherheit des immer gleichen Ablaufs zu geben.

Viele Erwachsene glauben, sie schenken einem Kind vor allem dadurch Geborgenheit, daß sie ihm körperliche Wärme und Zuwendung geben. Gewiß, das kann sehr tröstlich und wärmend sein, aber im Grunde nur von vertrauten Personen, oder lassen Sie sich gerne in Momenten der Unsicherheit von fremden Menschen herzen und über den Kopf streicheln? Ist ein Kind jedoch in solcher Unsicherheit wie oben beschrieben, dann geben Sie ihm Geborgenheit, indem Sie ihm helfen, sich zu orientieren und die Lage zu überblicken, ganz gleich, ob es sich um ein drei- oder sechsjähriges Kind handelt.

Können Sie sich vorstellen, wie wohltuend es für die Kinder ist, wenn sie sich langsam auskennen? Wenn sie beispielsweise langsam gefühlsmäßig erfassen, wie ein Tag im Kindergarten abläuft, was erlaubt ist und was verboten, womit man sich in Szene setzen kann, wer wichtig ist in der Gruppe, wo was zu finden ist und mit wem man am besten spielen kann. Dann und erst dann kann es einem Kind im Kindergarten gefallen, kann es dort entspannt spielen und sich dabei wohl fühlen. Alles andere ist Streß, so wie Auto fahren in einer fremden Stadt. Außerdem gibt es in einer Kindergruppe immer „erschwerte Bedingungen". Da wird man immer „riskant überholt, von dem einen oder anderen verständnislos angemault oder auch mit schlauen Ratschlägen bedacht", wie im richtigen Leben.

Und können Sie sich vorstellen, wie schlimm es für Kinder ist, wenn am nächsten Tag wieder manches, vieles oder gar alles anders ist, wenn Dinge im Gruppenraum umgestellt wurden, manche Materialien nicht mehr am gleichen Platz zu finden sind und der Tagesablauf wieder anders geregelt ist als gestern und vorgestern? Sie kennen das sicher auch: Sie brauchen nur einmal den Papierkorb an einen anderen Platz zu stellen, und möglicherweise verwandelt sich die Kindergartengruppe in einen Ameisenhaufen, weil jeder Gang dorthin zu einer Suche wird. Und auch wenn es keine Suche ist, weil die Kinder wissen, daß der Papierkorb heute an einem anderen Platz steht, lassen sich die meisten Kinder doch von der Gewohnheit leiten, wie Sie selbst vermutlich auch, und gehen mit schlafwandlerischer Sicherheit zum altgewohnten Platz.

Kinder brauchen nicht nur Ordnung, Kinder lieben Ordnung. Ihr Gefühl von Sicherheit, Geborgenheit und ihr Vertrauen hängen ganz stark davon ab. Wir erkennen das daran, daß die äußere Ordnung bzw. Unordnung die innere Ordnung erhalten oder zerstören kann. Umgekehrt vermag die äußere Ordnung sogar inneres Ungeordnetsein zu ordnen. Ein Kind kommt vielleicht unsicher in den Raum, aber es merkt bald: „Aha, da ist das." – „Genau, da ist es ja." – „Das mache ich so." Und so kann es seine innere Verwirrung, die viele Kinder schon von zu Hause mitbringen, durch die äußeren Umstände im Gruppenraum ordnen oder zumindest verhindern, daß in ihm weitere Unsicherheit entsteht.[12] Es gibt aber auch Kinder, die nicht so leicht aus dem inneren Gleichgewicht, der inneren Ordnung zu bringen sind. Sie haben ein gutes Maß an Festigkeit und Orientierung und sind dadurch auch sicherer.

Auf Unordnung reagieren jedoch alle Kinder mit diversen Schwierigkeiten, die sie selbst damit haben. Und diese Schwierigkeiten machen Sie dann auch Ihnen als Erzieherin und den anderen Kindern in der Gruppe.

---

[12] Natürlich sind nicht alle Störungen und Verhaltensauffälligkeiten mit fehlender Ordnung zu erklären.

Eine Mutter erzählt:

„Marc ist seit kurzem im Kindergarten. Im Grunde geht er gerne hin, aber wenn ich ihn hinbringe, stellt er mir während des gesamten Weges pausenlos die gleichen Fragen: ‚Holst du mich auch wieder ab?' – ‚Dauert das lange?' – ‚Ist die Karina auch wieder da?' – ‚Darf ich heute wieder neben Frau Fröhlich sitzen?' – Und ich denke: ‚Junge, das habe ich dir doch schon gestern und vorgestern und die Tage zuvor auch schon erklärt.' Aber ich verstehe jetzt, warum er fragt, und ich gebe ihm so freundlich und verständnisvoll, wie ich es kann, Antwort.

Nach einer Woche erst wird mir bewußt, daß er ja schon seit ein paar Tagen nicht mehr gefragt hat."

Eine Erzieherin erzählt:

„Ein dreijähriger Junge, der neu in der Gruppe ist, nervt mich jetzt seit drei Wochen jeden Tag mit den gleichen Fragen: ‚Ist dann jetzt Vesperzeit?' – ‚Gell, gleich beten wir!' – ‚Und dann gehen wir zum Stuhlkreis?' Ich konnte diese ewig gleichen Fragen kaum mehr ertragen und dachte insgeheim: ‚Mensch, Junge, du nervst!' Ich habe zwar immer wieder geantwortet, aber oftmals mit einem entsprechenden Tonfall in der Stimme. Und manchmal habe ich auch gesagt: ‚Warum fragst du? Du weißt es doch.' – Aber in Zunkunft wird es mir nichts ausmachen, ihm wieder die gleichen Antworten zu geben, weil ich jetzt verstehe, daß er das zu seiner Neuorientierung braucht. Ich kann ihm so lange antworten, bis er sich des Ablaufs selbst sicher ist."

Zusammenfassung

<u>Kinder brauchen Ordnung</u>

weil ...
... sie wissen wollen, wohin sie gehören,
– Wo ist mein Platz?
... sie sich an den äußeren Gegebenheiten orientieren.
  – Wo ist das Spielzeug? Was ist in welchem Regal, in welcher Schachtel, in welcher Schublade?
  – Was ist wo im Gruppenraum? Bauecke – Puppenecke – die Puzzles – die Scheren – der Putzlappen etc.
  – Wie finde ich mich hier in der Einrichtung zurecht? Was ist hinter dieser und jener Tür? Wohin geht die Erzieherin, wenn sie mal rausgeht? In welchem Raum sind die anderen Kinder?
... ihr Gefühl von Sicherheit und Geborgenheit mit dem Erfassen der vorgegebenen Ordnung verbunden ist.
... sie sich auf das einmal Erfaßte einstellen und sich auf diese Ordnung verlassen.
  – Die Kinder reagieren irritiert, wenn morgen alles anders ist, als es heute war.

<u>Ordnung bedeutet für Kinder vor allem
Überblick, Klarheit, Verläßlichkeit.</u>

Ordnung und Schönheit

Kinder haben ihre eigene Art, Schlüsse zu ziehen. Manchmal ist ihre Logik dabei ganz verblüffend und offenbart auch uns Erwachsenen erstaunliche Erkenntnisse.

Kinder haben beispielsweise völlig andere Vorstellungen über den Wert von Dingen als Erwachsene. Das hängt unter anderem mit ihrem mangelnden Verständnis von Geld und Zahlen zusammen. Während viele Erwachsene bewußt oder unbewußt der Prämisse folgen: „Was nichts kostet, ist auch nichts", setzen Kinder in dieser Hinsicht ganz andere Maßstäbe. Sie folgern eher: „Was schön, neu und ordentlich aussieht, *das* ist wertvoll." Eine halbkaputte Statue in einem Museum, sei sie objektiv betrachtet noch so wertvoll, kann in den Augen kleiner Kinder nichts oder mindestens nicht viel wert sein. Denn die kindliche Logik lautet: „Was Wert hat, das sieht auch entsprechend aus." Mit diesen Augen gehen Kinder durch die Welt, auch durch die Wohnung und den Kindergarten. Und dabei setzten sie ihre Logik munter fort: „Wenn etwas Wert hat, dann wird es auch entsprechend gehandhabt. – Was nämlich schön und ordentlich aussieht, damit geht man auch sorgsam und wertschätzend um." Oder noch einfacher: Mit schönen und ordentlichen Dingen gehen Kinder auch schön und ordentlich um. Diese simpel erscheinenden Schlußfolgerungen dienen dem Kind als Orientierungshilfe, damit es weiß, woran es ist und wie es sich verhalten muß. Es orientiert sich an seiner Umgebung, so wie sie sich ihm darstellt.

Die Umkehrung dieser Schlußfolgerungen lautet für

Kinder dann logischerweise: „Was häßlich und unordentlich aussieht, das wird geringschätzend und achtlos behandelt." Sie merken schon, wie sich diese Schlüsse der Kinder pädagogisch nutzen lassen. Wenn wir ihnen eher Schönes und Ordentliches anbieten, dann verhalten sie sich auch entsprechend. Bieten wir ihnen häßliches, kaputtes oder unordentliches Material, dann hantieren sie damit auch in entsprechender Weise. Das gilt übrigens nicht nur für Kinder. Wenn Sie beispielsweise ganz bestimmte Kleidung tragen, dann verhalten Sie sich, ohne daß Sie sich dessen bewußt sind, auch dementsprechend. In Jeans fühlen und bewegen Sie sich anders als im Ballkleid, und in einer sauberen Jeans wiederum fühlen und bewegen Sie sich anders als in einer schmutzigen oder kaputten. Indem wir uns mit schönen und ordentlichen Dingen umgeben, beeinflussen wir auch unser eigenes Empfinden. Fragen Sie sich doch mal, wie Sie sich fühlen, wenn Sie in eine Jugendherberge kommen oder wenn Sie ein gutes Hotel betreten. Wie mag es für ein Kind sein, wenn es in einen schönen Raum, an einen schön gedeckten Tisch kommt oder wenn das nicht der Fall ist? Wie ist es für ein Kind, wenn es Gegenstände in die Hand nimmt, die in Ordnung sind? Es wird dadurch immer Rückschlüsse auf seinen eigenen Wert ziehen. In der Art, wie Dinge schön gemacht werden, drückt sich auch die Liebe zu den Dingen aus: die Liebe zu einem Buch, die Liebe zu Materialien, zu der Umgebung, die man schön macht. Wenn Sie einen Freund oder Partner haben, der zu Ihnen sagt: „Du bist mir viel wert", werden Sie es ihm vermutlich nicht glauben, wenn er zugleich lieblos mit Ihnen umgeht. Wenn Ihr Gastgeber Ihnen sagt: „Sie sind herzlich willkommen", aber nichts ist für Sie vorbereitet, werden Sie ihm nicht glauben. Sie können sich ja auch einmal überlegen, für welchen Gast Sie sich Mühe machen oder bereit sind, in die Vorbereitungen Liebe zu investieren.

Dazu fällt mir ein, daß Erzieherinnen eine große Gabe haben, Dinge schön zu machen. Sie haben wirklich die Liebe, einen Kreis auch beim 25. Mal noch schön und ordentlich auszuschneiden. Auch wenn Basteln nicht alles ist, so halte ich es für eine bewundernswerte Fähigkeit, auch dem 25. Kind die Dinge noch in gleicher Weise schön zu machen.

Wie wir uns mit bestimmten Dingen fühlen, beeinflußt unser Verhalten. Das Gefühl ist auch für Kinder ausschlaggebend. Darum orientieren sie sich auch nicht an objektiv meßbaren Werten wie etwa Geld, obwohl sie schon bald von den Erwachsenen lernen, Wert mit Geldwert gleichzusetzen, und ihr Gefühl, vor allem auch ihr Selbst*wertgefühl* daran zu koppeln.

Das Kind schaut in die Welt – Gruppenraum, Wohnung, Kaufhaus ... – und stellt fest, daß fast alle Dinge ihren festen Platz haben. Manches im Schrank, einiges im Keller, auf dem Tisch oder in Schubladen. Manche Dinge aber, so bemerkt das Kind, bekommen sozusagen einen Ehrenplatz: beispielsweise in einem Rahmen, auf einem Deckchen oder in der Glasvitrine. Und diese Dinge, die einen besonders schönen und ordentlichen Platz bekommen, sind die wertvollen, und mit ihnen gehen auch die Erwachsenen in ganz besonderer Weise um. Manche Dinge sind so wertvoll, daß sie von Kindern nur von weitem angeschaut werden dürfen, angerührt aber in den seltensten Fällen, weil sie für Kinderhände eben viel zu wertvoll sind.

Weiter stellen Kinder fest, daß diese Gegenstände bei entsprechenden Anlässen von entsprechenden Personen benutzt werden. Bei ganz bestimmten Feierlichkeiten wird der Tisch beispielsweise mit ganz bestimmten Dingen gedeckt. Und die schönsten und edelsten Dinge befinden sich auf dem Tisch der Erwachsenen und weniger am Platz der Kinder.

Bei einem solchen Anlaß beobachtet ein Kind folgendes Geschehen: Tante Klara und Onkel Fritz sind zu Besuch. Mutter hat den Tisch schön gedeckt. Alles sieht sehr festlich aus: glitzernde Kristallgläser, edles Porzellan, eine teure Tischdecke. Die Stimmung ist gut. Man ißt, unterhält sich und ist allgemein guter Dinge. Tante Klara, die sehr temperamentvoll ist, erzählt und gestikuliert. Plötzlich stößt sie an eines der Gläser. „Mein Gott, ist das peinlich! Wie konnte mir das nur passieren?" Sie errötet und verspricht, den Schaden zu beheben. – Da passiert für unser Kind etwas absolut Erstaunliches, fast glaubt es seinen Ohren nicht zu trauen. In der Aufregung der Szene, die es selbst hat zusammenzucken lassen, hört es Mutter mit gelassener Stimme großmütig sagen: „Das macht doch nichts! Das kann mal vorkommen!"

Unser Kind erinnert sich genau, wie Mutter reagierte und was Vater sagte, als ihm selbst vor nicht all zu langer Zeit ein Glas heruntergefallen war. Und es weiß: Da ist ein riesengroßer Unterschied zwischen dem, was die Eltern zu ihm sagten und dem, was sie zu Tante Klara gesagt haben. Diese Erfahrung kennen fast alle Kinder. Und sie schließen daraus: „Erwachsene sind mehr wert als Kinder." Sie sind die Benutzer der wertvollen Gegenstände. Sie dürfen Dinge anfassen, die Kinder oftmals nur betrachten dürfen. Sie dürfen diese Dinge benutzen, obwohl auch ihnen Mißgeschicke damit passieren. Bei Erwachsenen dürfen solche Mißgeschicke vorkommen, bei Kindern aber auf keinen Fall.

Zu Montessori kam eine Mutter, die in bezug auf ihren zweieinhalbjährigen (!) Sohn ähnlich gehandelt hatte, und nun um Rat fragte. Montessori erzählt: „Ich dachte an (...) jenes typische Erwachsenengefühl, das man ‚Geiz gegenüber dem Kinde' nennen könnte. So sagte ich ihr: ‚Haben Sie ein feines Porzellanservice, wertvolle Tassen? Lassen Sie das Kind ein paar von diesen leichten Gegenständen tragen und sehen Sie, was geschieht.' Die Dame (...) erzählte mir später, ihr Junge habe diese zerbrechlichen Tassen eine nach der anderen heil und unversehrt an ihren Bestimmungsort gebracht. (...) Ein Umstand, der nicht ohne Einfluß auf seine seelische Gesundheit geblieben ist."[13]

Mit diesem Beispiel wollte Montessori deutlich machen, was den Erwachsenen wichtig ist, wo sie unbewußt Werte setzen. Diese kleine Szene verdeutlicht außerdem die verheerenden Folgen, die die einfachen Schlüsse des Kindes auf seine Seele haben können. Kinder verbinden eben mit Ordnung auch Schönheit und einen hohen Wert. So ist für Kinder Ordnung gleichbedeutend mit Schönheit, und Schönheit deutet ihnen auf etwas sehr Wertvolles hin. Und deshalb können Kinder erst wenn sie in einer geordneten und schönen Umgebung aufwachsen, ein Gefühl für ihren eigenen Wert entwickeln und dadurch ein sorgsames Verhalten an den Tag legen.

---

[13] Montessori, Maria: „Kinder sind anders", München 6̂1991, S. 93.

Eine Mutter sagt:

„Unsere Erzieherin macht alles so schön. Neulich bei einem Fest für die ‚Neuen' war alles wunderschön vorbereitet. Sie investiert so viel Liebe in die Gestaltung des Raumes, in den Schmuck und den Tischschmuck. Wir Eltern erkennen das oft gar nicht an, auch weil wir nicht verstehen, wie wichtig diese Dinge sind. Ich habe mich außerordentlich wohl gefühlt, und auch die Kinder waren sehr glücklich. Mir wird jetzt erst bewußt, was unsere Erzieherin eigentlich leistet."

Zusammenfassung

<u>Mit Ordnung verbinden Kinder Schönheit und einen hohen Wert</u>

Denn sie schlußfolgern:
... Was Wert hat, sieht auch entsprechend aus.
... Was Wert hat, das wird auch entsprechend gehandhabt.
 – Schönes und Ordentliches wertschätzend und sorgsam
 – Häßliches und Unordentliches geringschätzend und achtlos
... Was Wert hat, wird auch entsprechend angeordnet.
 – an einem bestimmten Platz im Raum, Schrank ...
 – in einem Rahmen, auf einem Deckchen ...
... Was Wert hat, wird bei entsprechenden Anlässen von entsprechenden Personen benutzt.

- z. B. bei Feierlichkeiten, wenn bestimmte Gäste kommen
... Erwachsene sind mehr wert als Kinder, weil sie die Benutzer der wertvollen Gegenstände sind.

Ziel und Plan für die 1. Woche

1. **Gehen Sie in kleinen systematischen Schritten vor!**
   Nichts ist verführerischer und meistens erfolgloser, als wenn Sie sich vornehmen, daß Sie in Zukunft alles anders machen wollen.
2. **Überprüfen Sie im Gruppenraum bzw. im Kinderzimmer und im Alltag, wo Sie das Ordnungsprinzip schon verwirklicht haben!**
   Schreiben Sie sich das auf.
   Sie machen intuitiv mehr richtig, als Sie denken!

Kinder brauchen Regeln

> „Es wäre besser gewesen, du wärst zur selben Stunde wiedergekommen", sagte der Fuchs. „Wenn du zum Beispiel um vier Uhr nachmittags kommst, kann ich um drei Uhr anfangen, glücklich zu sein.
> (...) Es muß feste Bräuche geben."
>
> *Antoine de Saint-Exupéry*

Was Regeln regeln

Ordnung entsteht auch, indem Verhältnisse klar geregelt sind. Wenn die Straßen einer Großstadt zwar übersichtlich in ihrer Führung, deutlich beschildert und auch gut ausgebaut sind, aber die Regeln des Verkehrs willkürlich dem Gutdünken des einzelnen überlassen sind, dann wird in dieser Stadt bald ein riesiges Verkehrschaos entstehen. Deshalb brauchen wir nicht nur eine überschaubare, klare und verläßliche Umgebung, sondern wir brauchen auch ebensolche Regeln.

Unter Regeln verstehen wir Abmachungen, die etwas bestimmen. Sie geben Führung und Richtung; sie lenken und leiten, beispielsweise den Verkehr, die Umgangsformen unter den Menschen oder ganz allgemein das menschliche Verhalten. Dabei gibt es abgesprochene und nicht abgesprochene Regeln. Wenn etwas sich *regel*mäßig wiederholt, wird es „automatisch" zur Regel. Wenn die Mutter zu Hause beispielsweise regelmäßig nach dem Essen als erste aufsteht, um den Tisch abzuräumen, schafft sie durch ihr regelmäßiges Tun mit diesem Verhalten eine unausgesprochene Regel in der Familie. Das ist auch dann so, wenn der Mutter diese Regel nicht recht ist und sie darüber schimpft und lamentiert. Wenn Schimpfen und Lamentieren sich ebenso *regel*mäßig wiederholen wie ihr Aufstehen und Tischabräumen, dann werden Schimpfen und Lamentieren nichts weiter als ein Teil der Regel.

Vielleicht gibt es im Kindergarten täglich den gleichen Ablauf beim Aufräumen der Bauecke oder zum Beginn des Stuhlkreises. Es könnte sein, daß es sich die Kinder zur Regel machen zu trödeln und Sie es sich zur Regel gemacht haben, dann schnell zu helfen. Die Regel könnte ebensogut auch lauten: Wir beginnen zur gleichen Zeit, und jeder ist für seinen eigenen kleinen Bereich selbst verantwortlich. Wer fertig ist, setzt sich und wartet, bis alle versammelt sind.

Aber folgen Sie mir noch einmal gedanklich in eine Stadt. Stellen Sie sich vor, Sie haben dort Ihr Auto für eine Weile geparkt. Nun kommen Sie zurück und sehen gerade noch, wie eine Hostess einen Strafzettel anbringt. Sie eilen hinzu, denn Sie wissen absolut sicher, daß Sie Ihr Fahrzeug rechtmäßig hier abgestellt haben. Natürlich sind Sie empört und fühlen sich zu Unrecht bestraft. Die Hostess versichert: „Sie haben recht, hier ist tatsächlich kein Parkverbot. Aber wissen Sie, wie ich hier so vorbeikomme, wird mir plötzlich bewußt, wie ungünstig dieser Parkplatz hier ist, und deshalb habe ich es mir jetzt anders überlegt."

Im Bereich der Erziehung verhalten wir uns oft genau nach obigem Schema. Wir warten häufig, bis ein Kind irgend etwas tut, und sagen dann: „Das darfst du nicht; das ist verboten." Und nicht selten werden dazu noch Schelte oder Strafen verhängt. Das ist nicht weniger ungerecht als in obigem Beispiel. In beiden Fällen gilt: Wo nicht eigens etwas geregelt ist, darf man tun, was und wie man es will.

Dies setzt aber voraus, daß wir alle Situationen, die im Erziehungsalltag auftreten können, schon im voraus bedacht haben müßten. Das ist natürlich nicht nur unmöglich, sondern es würde auch keinen Raum mehr für flexible Entscheidungen lassen. Deshalb trifft der Vergleich mit dem Beispiel auch nur zu einem Teil zu. Er sollte lediglich zeigen, daß es ungerecht ist, Kinder für Dinge zu bestrafen, die nicht klar geregelt sind. Ungerechtigkeiten bewirken immer Kränkungen irgendeiner Art, und diese wiederum fordern destruktive Reaktionen geradezu heraus.

Ähnliches trifft zu, wenn zwar Regeln existieren, diese aber nicht bekannt sind. Oftmals erwarten wir von Kindern, daß sie sich selbständig orientieren und ganz einfach wissen, wie sie sich in dieser oder jener Situation zu verhalten haben.

Kerstin beobachtet andere Kinder beim Kneten. Das gefällt ihr. Sie setzt sich dazu, nimmt sich einen Klumpen Knetgummi und beginnt munter zu formen. Die anderen Kinder schreien auf und sind entsetzt, daß Kerstin ihnen einfach die Knete wegnimmt, die sie sich zum Spielen geholt hatten. Die Erzieherin greift ein: „Kerstin, laß das bitte sein."

Diese Situation ist gewiß auch Eltern vertraut, wenn es um Streitereien um Spielzeug, im Kinderzimmer oder im Sandkasten geht. Doch Kerstin weiß nur: ‚Ich soll das lassen.' Das ist alles, was sie wissen *kann*. Was sie nun genau lassen soll, das Kneten, das Einmischen oder sonst irgend etwas, kann sie nicht wissen. Und sie kann schon gar nicht wissen, wie sie sich statt dessen verhalten soll.

Das ist der Erzieherin nicht bewußt, und deshalb erwartet sie, daß das Kind jetzt folgendes weiß und umsetzen kann: Kerstin soll vermutlich in Zukunft

1. *erkennen*, daß die anderen Kinder das Knetgummi für ihren persönlichen Gebrauch an den Tisch geholt hatten,
2. *grundsätzlich unterscheiden*, welches Material Kinder für ihren persönlichen Gebrauch beanspruchen und welches zur freien Verfügung steht;
3. *höflich fragen*, wenn sie mitmachen will;
4. *respektieren*, wenn man sie nicht mitspielen lassen will.

Wir setzen ganz selbstverständlich voraus, daß Kinder das wissen müssen. Und weil sie es doch wissen müßten, unterstellen wir ihnen zusätzlich noch Böswilligkeit, indem sie unseren Erwartungen nicht genügen. In Kerstins Fall könnte die Erzieherin denken: „Du siehst doch, daß die Kinder sich die Knete geholt haben. Warum mischst du dich da auch ein?"

Alle Menschen möchten gerne gut sein, solange sie die Möglichkeit sehen, dieses Ziel auch erreichen zu können. Wenn sie aber merken, daß man ihnen trotz Anstrengung, Mühe und guten Willens Schlechtes unterstellt, werden sie es bald aufgeben, gut sein zu wollen. Nicht anders ist es bei Kindern. Auch sie wollen gerne gut sein, und sie geben sich auch Mühe. Das ist oft gar nicht so einfach. Wenn die Regeln nicht klar sind, müssen Kinder „raten", wie es die Erwachsenen denn gerne hätten, und dieses Probieren geht häufig daneben. Kerstin weiß jetzt zwar, was sie nicht soll, aber der nächste Versuch, richtig zu handeln, kann mit hoher Wahrscheinlichkeit wieder danebengehen, denn sie weiß ja eigentlich nicht, was sie tun oder nicht tun soll. Vielleicht hat sie Glück und macht es beim nächstenmal richtig, dann ist sie ein gutes Kind. Vielleicht hat sie aber auch Pech und macht es falsch, möglicherweise sogar mehrmals, dann ist sie ein schlechtes Kind. Wenn sie merkt, daß sie trotz Anstrengung, Mühe und guten Willens ein schlechtes Kind ist, wird sie es bald aufgeben, gut sein zu wollen. Und wir denken oder sagen (vielleicht): „Wie oft soll ich dir das noch sagen?"

Kinder brauchen Regeln und sie wollen sie auch, weil sie gute Kinder sein möchten. Montessori sagte einmal: „Alle Kinder wollen gut sein. Und sie sind es auch, wenn wir ihnen die Möglichkeit geben."[14] Diese Möglichkeit geben wir den Kindern u. a. durch klare Verhaltensanweisungen, die wir ihnen auch unmißverständlich beibringen. Regeln wollen nicht nur verstanden, sondern auch gelernt sein. Es nützt herzlich wenig, Verkehrsregeln zu Hause zu lernen, wenn man keine Erfahrung mit deren Anwendung im Straßenverkehr machen kann.

Wer lernt, der macht auch Fehler. Das werden die Kinder auch mit Sicherheit tun. Sie werden Regeln vergessen und aus Freude oder Trotz einfach mal übergehen. Schlechte Kinder sind sie deshalb nicht. Sie haben bestimmt selbst auch schon Regeln mißachtet und sind deshalb noch längst kein schlechter Mensch.

Wir sind alle nicht vollkommen, weder die Kinder noch wir Erwachsene, aber wir wären es gerne. Und darum geht unsere Entwicklung auch genau in diese

---

[14] Sendung des BR vom 23. 4. 95: „Wo ich bin, ist Freiheit".

Richtung. Wie wir die Kinder darin unterstützen und ihnen den richtigen Umgang mit Material und Menschen verdeutlichen können, zeigt das nächste Kapitel.

Kinder und Regeln

Kinder möchten lernen. Sie wollen am liebsten alles ganz genau wissen und es vor allem selber können und richtig machen. Sie würden beispielsweise auch gerne ihr Spiel wieder ordentlich ins Regal zurücklegen. Deshalb interessiert es sie, wie man das macht. Für uns Erwachsene ist das kein Problem, wir machen das richtig und glauben deshalb: „Die Kinder sehen doch, wie das geht, und darum sollen sie es bitte genauso machen."
Was sich bei uns aber mit einem Handgriff in Sekundenschnelle abspielt, beinhaltet tatsächlich so viele Einzelhandlungen und -fähigkeiten, daß es für Kinder unmöglich ist, das allein durch Abschauen zu erfassen. Der einfache Handgriff, mit dem wir ein Spiel zurück ins Regal legen, setzt voraus:

1. daß der Deckel der Schachtel glatt geschlossen ist, sonst kippt der Stapel und das Hineinschieben wird schwierig,
2. daß man noch weiß, an welchen Platz dieses Spiel gehört, (Beim Holen muß man schon daran denken, sich den Platz zu merken.)
3. daß man die Größenverhältnisse der Schachteln mit einem Blick erfaßt und sofort erkennt: ‚Aha, das ist die drittgrößte aller Schachteln und ist folglich als dritte von unten einzuordnen',
4. daß die motorischen Fähigkeiten so weit ausgebildet sind, die bereits liegenden Schachteln mit der einen

Hand ein wenig anzuheben, um dann das betreffende Spiel mit der anderen Hand sicher in den Stapel zu schieben,
5. daß man groß genug ist, um diesen Vorgang problemlos durchführen zu können, (In Schulterhöhe wird's schon schwierig.)
6. daß die Schachtel nicht zu schwer ist, um mit einer Hand gehalten und gleichzeitig geschoben werden zu können.

Das hört sich alles ziemlich kompliziert an. Deutlicher wird das, wenn sie sich vorstellen, man würde von Ihnen erwarten, daß Sie kiloschwere Schachteln von der Größe Ihres Rumpfes gekonnt und problemlos in schulterhohe Regale schieben – oder ein Fachmann brächte Ihnen den Umgang mit einem elektronischen Gerät in ähnlicher Weise bei: „Sie drücken hier auf diese Taste, dann lassen Sie dort los, wenden das ein wenig zur Seite, kontrollieren derweil das Display, und wenn dort das Bild auftaucht, schwenken Sie um, nehmen die Zahl aus der Mitte, geben Sie über die Tastatur ein, und schon läuft alles wie geschmiert. Und vergessen Sie nicht, den linken Hebel zu halten. – So, dann machen Sie mal. Das ist ganz einfach."

Um etwas Neues zu lernen, sind Erklärungen nicht besonders hilfreich. Viel besser ist es, wenn einem das ganz langsam vorgemacht wird und man es dann in aller Ruhe nachmachen darf. Wenn man dann noch einmal Hilfe bekommt, wo man vielleicht nicht weiter wußte, dann lernt man gerne und wendet das Gelernte auch an.

Ein Vater erzählt:

„Ich habe mich mit meinen beiden Söhnen (vier und sechs Jahre) vor das Regal mit den Brettspielen gesetzt und ganz ausführlich gezeigt, wie man ein Spiel sorgfältig und mühelos am richtigen Platz einordnen kann, indem ich schrittweise vorging: Ich habe nochmals auffällig geprüft, ob die Schachtel auch gut geschlossen ist, und dann habe ich sehr deutlich angefangen, die Schachtelgrößen zu vergleichen, um herauszubekommen, an welche Stelle meine Schachtel gehört. Die oberen kleineren Schachteln habe ich dann ein wenig angehoben und meine Schachtel in den Stapel geschoben. Fertig! – Die Kinder waren voll dabei und haben mir gebannt zugeschaut, wie bei einer mitreißenden Pantomimevorführung, denn ich hatte wärend des gesamten Ablaufs kein Wort gesprochen. Dann durften die beiden es auch ausprobieren, und so haben wir das gesamte Regal aufgeräumt. Jetzt hüten sie dieses Regal wie ihren Augapfel. Neulich sagte eine der beiden zu mir: ‚Papi, wir müssen den Kindern von nebenan auch mal zeigen, wie das Regal aufgeräumt wird. Das wissen die nicht. Sonst können die nicht mehr zu uns rüberkommen.'"

Vielleicht ärgern Sie sich dann und wann, wenn Kinder in der Bauecke nicht aufräumen. Es kann gut sein, daß die Kinder wirklich nicht wissen, wie sie die Aufgabe angehen sollen. Schimpfen Sie nicht. Zeigen Sie es den Kindern einmal. Sie werden sich wundern, wie gerne Kinder einräumen.

Das gleiche gilt für das nervende Herumschieben und -ziehen der Stühle. Weil Erwachsene nicht nur größer, sondern auch kräftiger sind als Kinder, können sie

Stühle auf die unterschiedlichsten Weisen tragen. Das können Kinder niemals nachahmen, obwohl sie es leider immer wieder versuchen. Die einzige Art, wie ein Kindergartenkind laut Maria Montessori einen Stuhl sicher und schonend tragen kann, ist folgende: Das Kind steht neben dem Stuhl, greift mit der einen Hand die Lehne und mit der anderen die vordere Kante der Sitzfläche. Zeigen Sie das den Kindern, und machen Sie sich mit ihnen einen Spaß daraus, das zu üben. Ganz erfinderische Eltern und Erzieherinnen haben schon einen „Slalomparcours" aufgestellt und diesen von einzelnen Kindern stühlchentragenderweise möglichst ohne anzustoßen durchqueren lassen.

Eine Erzieherin erzählt:

„In meiner Gruppe ist ein geistig leicht behinderter Junge. Er zieht oft den Stuhl mit viel Lärm hinter sich her, indem er überall aneckt und anstößt. Als ich ihn wieder dabei beobachtete, habe ich ihn mal nicht kritisiert, sondern ihm spontan gezeigt, wie er den Stuhl halten und tragen kann. Ich bin mit dem Stuhl um den Tisch herumgegangen, ohne anzustoßen. Dann habe ich ihn gefragt: ‚Willst du das auch mal probieren?' Er nickte, und voller Stolz trug er den Stuhl völlig korrekt mehrmals um den Tisch herum. Dieses Verhalten hält schon seit Tagen an. Ich kann es kaum fassen. Manchmal schaut er zu mir herüber, damit ich ihn dafür bestätige."

Genau so oder ähnlich können Sie den Kindern zeigen, wie sie mit einem Bilderbuch umgehen sollen, den Tisch schön decken können, wie man leise und fest eine Tür schließt. Sie werden erleben, daß Sie viel weniger korrigieren und schimpfen müssen, wenn Sie den Kindern häufiger zeigen, was und wie sie etwas tun sollen.

Das gilt auch für den sozialen Bereich. Machen Sie den Kindern doch einmal in einem kleinen Rollenspiel vor, wie man ein Kind anspricht, was man genau sagen könnte, wenn man bei einem Spiel mitmachen will. Einzelne Kinder dürfen das dann ruhig wiederholen. Das tun Kinder gerne. Wir haben auch schon manchmal Szenen aus dem Alltag aufgegriffen, die besonders vorbildlich waren. „Wir zeigen euch mal, was wir heute Gutes beobachtet haben." Und dann haben wir beispielsweise nachgespielt, wie ein Kind ein anderes um Rat oder Hilfe bat. Gelegentlich haben wir auch eine auffällige Verdrehung gespielt und alles falsch gemacht. Da ist niemand angeklagt, alle können herzlich über solch einen Unsinn lachen, und außerdem macht es den Kindern Freude, nach Lösungen zu suchen und dann vorzuzeigen, wie das richtige Verhalten ist.

Das Einführen sozialer Regeln ist wichtig. Je deutlicher Sie diese den Kindern zeigen und dann üben lassen, desto besser ist es. Denn vor allem das verbale Ausdrücken von Fragen, Wünschen, Bedenken oder Gefühlen ist den Kindern noch wenig vertraut. Die Zeit, als sie noch nicht sprechen konnten und es auch nicht zu tun brauchten, liegt noch nicht sehr weit zurück. In der Familie, vor allem von der Mutter, die ihr Kind ja ganz genau kennt, wurde dem Kind sozusagen jeder Wunsch von den Augen abgelesen. Ein bestimmtes Knurren oder Murren in der Stimme, und Mutter wußte genau, was das Kind wollte. Jetzt muß es lernen, sich zu artikulieren und ganz bestimmten Umgangsregeln zu folgen, wenn es sich nicht unverstanden fühlen oder anderen zur Last werden will. Folgendes Beispiel aus dem Kindergarten zeigt, wie Konflikte auch in der Familie geregelt werden könnten.

Eine Erzieherin erzählt:

„Jonas sitzt am Maltisch mit einem großen Tonpapierbogen, der über den Tisch hinausragt. Während er daran etwas ausschneidet, kommt Katrin am Tisch vorbei und stößt aus Versehen an das Papier. Jonas brummelt leicht verärgert vor sich hin. Der Vorfall wiederholt sich; Jonas wird ärgerlicher und schreit. Katrin schaut ein wenig verdutzt, versteht aber nicht, was das soll. Als sie ein drittes Mal an das Papier stößt, verliert Jonas die Geduld, brüllt los und haut ihr eine runter.

Einige Tage später spiele ich zusammen mit meiner Kollegin diese Szene vor. Jonas zeigt augenblicklich einen Erkennungsreflex. Nach dem Schreien stoppen wir unser Spiel und fragen: ‚Was könnte man in dieser Situation tun?' Die Kinder antworten: ‚Zur Seite rutschen.' – ‚Besser aufpassen.' – ‚Kleineres Papier nehmen.' Keinem Kind kommt die Idee, daß der Junge sich klarer ausdrükken könnte. Jonas ist inzwischen ganz nervös geworden und beginnt zu weinen. Ich beruhige ihn und sage: ‚Du erkennst, daß du das so gemacht hast, aber warte mal noch ein Weilchen.' Dann wiederholen wir unser Spiel, und als das ‚Mädchen' an das Papier stößt, sagt der ‚Junge': ‚Paß mal auf, mein Papier ist ziemlich groß, deshalb brauche ich etwas mehr Platz. Achte bitte darauf, daß du nicht daran anstößt!'

Das war alles, was wir tun mußten. Den Kindern ging ein Licht auf, was wir deutlich an ihren Gesichtern sehen konnten. Jonas, der sich so in die Enge getrieben gefühlt hatte, war glücklich und erleichtert und strahlte. Aber auch die restlichen Kinder waren über diese Lösung des Problems begeistert und setzen seitdem diese Erkenntnis mit zunehmender Sicherheit um."

Zusammenfassung

<u>Kinder brauchen Regeln</u>

Sie wollen deshalb ganz genau wissen,
wie ...
... lege ich das Spiel richtig ins Regal?
... räume ich den Baukasten ordentlich ein?
... gehe ich angemessen mit einem Bilderbuch um?
... decke ich schön den Tisch?
... trage ich am leichtesten einen Stuhl?
... schließe ich leise und fest die Tür?
... frage ich am besten ein Kind, wenn
  – ich bei seinem Spiel mitmachen will,
  – ich möchte, daß es mit mir spielt,
  – ich seine Hilfe brauche,
  – ich etwas von ihm ausleihen oder haben will?
... sage ich es, wenn ich etwas nicht will oder kann?
... u. v. a. m.

Ziel und Plan für die 2. Woche

1. Überlegen Sie sich eine Situation, in der Sie die Kinder öfter korrigieren bzw. kritisieren müssen. Gehen Sie davon aus, daß die Kinder nicht wissen, wie es richtig ist.
2. **Formulieren Sie ganz genau, wie das Verhalten der Kinder sein sollte, also die Regel.**
   Schreiben Sie sich das auf.
3. Überlegen Sie sich, wie Sie das den Kindern spielerisch, aber deutlich *zeigen* können.
   Schreiben Sie sich das auf.
4. **Führen Sie diese Regel für die Kinder ein!**

Kinder brauchen eine vorbereitete Umgebung

> „Die Menschen bei dir zu Hause", sagte der kleine Prinz, „züchten fünftausend Rosen in ein und demselben Garten ... und doch finden sie dort nicht, was sie suchen ... Und dabei kann man das, was sie suchen, in einer einzigen Rose finden ..."
>
> *Antoine de Saint-Exupéry*

... einen vorbereiteten Raum

Wenn Sie eine große Buchhandlung oder einen Supermarkt betreten, werden Sie ganz automatisch durch die Anordnung der Räumlichkeiten gelenkt. Die Gänge sind so gestaltet, daß Sie an ganz bestimmten Regalen vorbeigeführt werden, daß an der Kasse immer nur einer nach dem anderen bezahlen und niemand ungesehen den Laden verlassen kann. So wollen es die Geschäftsleute. Dieses Interesse setzen sie nicht um, indem sie allerorts „Aufpasser" postieren, die die Leute zurechtweisen oder indem sie gar selbst ihre Augen überall haben, sondern durch die räumliche Gestaltung des Ladenlokals. So wirkt der Raum wie eine Art Erzieher, der sagt, „wo's lang geht". Weil sich hier kein Mensch als „Richter aufspielt", folgen nahezu alle Menschen ganz unbewußt diesem „Erzieher". Mit einem Regal kann man ja nicht diskutieren, mit einem Raumteiler legt man sich nicht an, und es hat gar keinen Zweck, sich auf Machtkämpfe mit einer geschlossenen Tür einzulassen.

Das gilt auch für Gruppenräume in Kindertagesstätten. Kinder nehmen intuitiv auf, ob der Raum zum Herumrennen einlädt, zum Suchen bestimmter Materialien oder zum beständigen Hin- und Herschieben von Tischen und Stühlen. Ist der Raum beispielsweise nicht für Kinder überschaubar geordnet, dann lädt er ganz automatisch zum Suchen bzw. Herumgehen ein. Ist den Kindern aber klar: hier ist der Eßplatz, das ist der Bauplatz, das die Puppenecke, dort der Mal- und Basteltisch, dann werden sie nicht nur zum Spiel in einem der Bereiche inspiriert, sondern die Gruppe wird dadurch ganz wie von selbst in Interessensgruppen „sortiert", ohne daß die Erzieherin eingreift. Je leichter diese Abgrenzungen für die Kinder zu erkennen sind, desto weniger Impulse zur Strukturierung der Gruppe müssen von der Erzieherin ausgehen. In der Wohnung haben die einzelnen Zimmer ja auch ihre ganz bestimmte Funktion. Und es ist gut, wenn sich die Familie daran hält und das Wohnzimmer nicht zum Spielzimmer und die Küche nicht zum Büro wird. Das ist nicht nur klarer, sondern erleichtert auch den Umgang miteinander. Es ist wieder wie in einer großen Stadt: Wenn Sie eine Orientierung haben, brauchen Sie nicht dauernd anzuhalten und nachzufragen, sondern Sie finden sich selbständig zurecht. Je unüberschaubarer ein Raum gegliedert ist, desto intensiver muß man helfend und lenkend tätig werden. Wir werden dadurch sozusagen zum „Aufpasser", der sagt, „wo's lang geht", mit dem man sich gerne auch mal anlegt und den man auch mal spüren läßt, daß er einem gar nichts zu sagen hat. Machtkämpfe und Widersetzlichkeiten sind damit schon vorprogrammiert.

Damit Kinder einen Raum überschauen können, dürfen die Möbel nicht zu groß und zu hoch sein. Nicht selten versperren Gehänge von oben den Kindern die Sicht. Die Räume in Kaufhäusern sind in der Regel sehr hoch, und trotzdem reichen die Regale nicht bis zur Decke, sondern enden in Augenhöhe, damit man zwischen den einzelnen Regalen stehend noch sehen kann, was sich am anderen Ende des Geschäfts befindet. Ansonsten müßten Sie suchend zwischen den einzelnen Regalen herumlaufen, ähnlich wie in einem Labyrinth. Das würde Sie nicht nur unnötig ermüden, sondern auch ihre Nerven strapazieren und Sie dadurch sehr reizbar machen. Nicht anders geht es den Kindern in Ihrem Gruppenraum.

Es kann zwar wichtig sein, auch mal einen abgeschlossenen Bereich zu haben, der durch einen hohen Raumteiler, durch Pflanzen, durch Gehänge oder Gardinen abgetrennt ist, aber der muß dann als einzelner auch erkennbar sein. Ein Kind, das in den Raum kommt, muß auf Anhieb erkennen: „Aha, das ist ein Bereich, der abgegrenzt ist, in dem ich mal ganz ungestört sein kann."

So wie jede Stadt Plätze, Abschnitte, Bereiche enthält, wie z. B. das Einkaufszentrum, die Stadtmitte, das Industriegebiet, den Park usw., so soll auch der Raum einzelne Bereiche enthalten, die eine spezielle Bestimmung haben: eine Bauecke, eine Leseecke, einen Eßplatz, einen Maltisch, ... Diese Bereiche sollen so im Raum verteilt sein, daß ein sinnvolles Zusammenspiel zwischen ihnen gewährleistet ist. Das Fußballstadion hat nicht seinen Platz neben dem Dom. Das Industriegebiet gehört nicht in die Stadtmitte. Auch im Gruppenraum sollen nicht die ruhigen Bereiche neben den eher aktiveren liegen. Andererseits ist es auch nicht günstig, wenn sich zwei Bereiche, in denen es mal turbulenter zugehen kann, nebenander befinden. Dort schaukelt sich der Geräuschpegel leicht in die Höhe, was dazu führen kann, daß es im gesamten Raum zu laut wird. Insgesamt soll der Raum in einer harmonischen und überschaubaren Weise gegliedert sein. Dadurch wird das Kind in eine Art Ordnung eingeführt, die als ein stummer Erzieher fungiert.

Aber alles in allem darf der Raum nicht zu vollgestellt sein. Überfüllte Räume werden zwangsläufig ungeordnet und unüberschaubar und führen zu ebensolchem Verhalten. Lassen Sie lieber eine der „Ecken" weg. Mit Ordnung und Überschaubarkeit kommen Sie den Bedürfnissen des Kindes mehr entgegen als mit einer Überfülle, die es nicht wirklich bewältigen kann.

Das ist alles nicht neu und für die meisten von Ihnen eine Selbstverständlichkeit. Das berühmte Raumteilverfahren wird schon lange in allen Einrichtungen praktiziert. Neu ist vielleicht, daß Montessori es bereits Anfang dieses Jahrhunderts entdeckt und entwickelt hat.

Auch die der Kindergröße entsprechenden Möbel sind seit langem eine Selbstverständlichkeit. Was noch gelegentlich übersehen wird, sind viel zu große und zu schwere Schubladen, zu hoch angebrachte Lichtschalter und Türgriffe und die Aufbewahrung von Material in zu hohen Regalen.

Es ist gut, wenn sich die Materialien an dem Platz befinden, wo die Kinder auch damit spielen sollen. Das Regal mit den Puzzles sollte in der Nähe des Tisches stehen, an dem die Kinder auch damit spielen, die Legokiste an dem Platz, wo damit gebaut wird, die Bücher unmittelbar in der Leseecke ... Dann brauchen die Kinder nicht immer wieder den Raum mit irgendwelchen Materialien in der Hand zu durchqueren. Diese zusätzliche Bewegung bewirkt Unruhe. Aber sie schafft immer wieder auch Reibepunkte, die leicht zu Mißverständnissen und Streitereien führen, etwa weil Kinder angestoßen werden, weil sie am Boden Liegendes übersehen haben u. ä. m.

Besonders wichtig ist es, daß die Anordnung im Raum konstant ist. Wenn Kinder einmal die Raumordnung erfaßt haben, werden sie durch erneute, auch noch so gut gemeinte Veränderungen durcheinandergebracht. Viele Erzieherinnen glauben, daß es ein Ausdruck ihres Arbeitseifers und ihrer Kreativität ist, wenn sie den Raum von Zeit zu Zeit umstellen. Lassen Sie sich nicht durch solche irrigen Meinungen unter Druck setzen. Für die Kinder ist es gut, wenn der Raum, sofern er gut und sinnvoll gestaltet ist, nicht verändert wird. Wenn Ihre Wohnung schön eingerichtet ist und Sie sich darin wohl fühlen, werden Sie auch nicht erfreut sein, wenn Sie eines Tages nach Hause kommen und irgend jemand alles umgestellt hat. Sollte Ihnen selbst einmal danach zumute sein, werden Sie schon von alleine aktiv werden. Wenn die Kinder Veränderungen wollen, werden Sie es Ihnen schon signalisieren. Also lehnen Sie sich zurück und sparen Sie sich diesen Arbeitsaufwand. Sie sind als Mutter, Vater oder als Erzieherin engagiert und kreativ, sonst würden Sie sich gar nicht für dieses Buch interessieren. Das brauchen Sie nicht zu beweisen.

Eine Mutter erzählt:

„Neulich dachte ich, es wäre wohl mal wieder an der Zeit, das Kinderzimmer umzuräumen. Einfach nur so! Jetzt tue ich das nicht, weil ich verstanden habe, daß dafür schon mehr Gründe vorliegen müssen, als einfach nur mal so etwas zu verändern. Ich hätte es jedenfalls nicht für die Kinder getan. An die hatte ich gar nicht gedacht. Das gebe ich zu."

Natürlich kann es auch zermürbend sein, zehn bis 20 Jahre in dem gleichen unveränderten Räumen zu leben bzw. zu arbeiten. Auch Sie haben ein Recht auf eine ansprechende Wohnung bzw. Arbeitsplatz und dürfen deshalb auch Ihre Wünsche vorbringen, genau wie die Kinder auch.

Auch die Dekoration des Raumes sollte konstant sein. Bilder und Raumschmuck sollten nicht ständig gewechselt werden. Das trägt dazu bei, ein Gefühl der Vertrautheit zu vermitteln. Außerdem ist das Herstellen und Anbringen der Dekoration oft viel zu arbeitsintensiv. Wenn Sie einmal nüchtern und sachlich beobachten, werden Sie feststellen, daß den Kindern die 37 von der Decke herunterhängenden einzeln und mühevoll gestalteten Luftballons nicht wirklich etwas bedeuten. Sie merken oft gar nicht, ob sie da sind oder fehlen. Zu Hause hängen wir ja auch nicht dauernd andere Bilder auf und fühlen uns vielleicht gerade deshalb sehr heimisch. Deshalb ist es wichtig, daß die Dekoration des Raumes schlicht ist und den Raum nicht dominiert. Der Raum soll wirken, und nicht der Schmuck soll alle Aufmerksamkeit auf sich ziehen und dadurch vom Wesentlichen ablenken. Besonders gefährdend wirken bestimmte Jahreszeiten, wie der Fasching, der Advent, Ostern etc. Da hängen Räume oft übervoll, und das sollte nicht über längere Zeit so bleiben. Wenn im Februar immer noch die Weihnachtssterne von der Decke baumeln, wird's unpassend. Haben der Raum und die Einrichtung aber eine geschmackvolle und *schlichte* Grundgestaltung, läßt sich den Festen oder der Jahreszeit gemäß problemlos *etwas* dekorieren, aber eben nur etwas. In unserer Zeit der Reizüberflutung durch die Massenmedien und in Geschäften ist das wichtiger denn je. Haben Sie den Mut, weniger zu tun. Den Kindern erweisen Sie damit einen großen Dienst (und sich selbst vermutlich auch).

Zusammenfassung

<u>Kinder brauchen einen vorbereiteten Raum</u>

Deshalb ist es für sie wichtig,
daß ...
... der Raum in einzelne überschaubare Abschnitte gegliedert ist. (Puppen-, Lese-, Bauecke, Eßbereich ...)
... ihnen die Möbel entsprechen.
  – in ihrer Größe – ihrem Gewicht – ihrer Handhabung (z. B. Griffe) – in Robustheit – in Aussehen
... der Raum nicht zu vollgestellt ist.
... die Materialien sich dort befinden, wo die Kinder auch damit spielen dürfen und sollen.
... die Materialien den Kindern mühelos zugänglich sind.
... die Anordnung im Raum konstant ist.
... die Dekoration eine gewisse Konstanz aufweist und den Raum nicht dominiert.

Ziel und Plan für die 3. Woche

1. Überlegen Sie sich, inwiefern Sie das Gelernte in Ihrem Gruppenraum bzw. der Wohnung anwenden können.
2. Wie können Sie die Kinder darauf vorbereiten oder einbeziehen?
Vielleicht ist eine neue Regel erforderlich
3. Setzen Sie *etwas* von Ihren Überlegungen bezüglich der Vorbereitung des Raumes in die Tat um!
Machen Sie damit Ihre Erfahrungen und schreiben Sie sich diese auf.

... vorbereitetes Material

Durch die Auswahl des Materials und die Art, wie es im Raum dargeboten wird, sind wesentliche pädagogische Weichen gestellt. Das ist uns nichts Neues. Die meisten Eltern und Erzieherinnen beschäftigen sich lange und eingehend damit, welches Material sie für ihre Kinder zur Verfügung stellen. Und wir wissen aus Erfahrung, daß Materialien in offenen Regalen häufiger von den Kindern benutzt werden als Spiele, die hinter verschlossenen Schranktüren oder in Schubladen aufgehoben werden.

Kinder handeln noch wenig geplant, sie lassen sich vom Erleben des Augenblicks leiten. Beispielsweise kommt es fast nie vor, daß sich Kinder zu Hause oder auf dem Weg zum Kindergarten schon Gedanken machen, womit sie sich in der Gruppe beschäftigen werden, obwohl man gelegentlich auch Kinder beobachtet, die auf ein bestimmtes Spiel, ein anderes Kind oder die Beschäftigung in Puppen- oder Bauecke eingestellt sind und sich schon darauf freuen. Meistens aber kommen die Kinder in den Raum, schauen, wer oder was da ist, gehen an den Regalen und Tischen vorbei, bis sie bei irgendwem oder an irgend etwas „hängenbleiben".

Sie kennen das sicher auch: Sie gehen durch die Stadt und sind ein wenig in Ihre Gedanken versunken. Plötzlich, völlig ungeplant, fällt Ihr Blick auf etwas Bestimmtes im Schaufenster. Ruckartig, als ob Sie den betreffenden Gegenstand gesucht hätten, bleiben Sie stehen und betrachten ihn interessiert. Manchmal ist es die Farbe, manchmal die Form, die Ihre Aufmerksamkeit anzieht. Obwohl wir beim genauen Hinschauen gelegentlich feststellen, daß uns besagter Gegenstand überhaupt nicht interessiert, wird unsere Aufmerksamkeit in der Regel aber von den Dingen angezogen, die uns etwas bedeuten. Und das, obwohl wir beim Vorbeigehen nicht vorhatten, nach etwas Bestimmtem zu suchen, und gedanklich mit anderen Dingen beschäftigt waren.

Mit der gleichen „schlafwandlerischen Sicherheit" finden auch Kinder die Dinge, die für sie von Belang sind. Dafür müssen zwei Voraussetzungen erfüllt sein: Es müssen solche Materialien vorhanden sein, die für Kinder eines bestimmten Alters mit bestimmten Fähigkeiten überhaupt von Belang sein können, und zweitens müssen diese Materialien so angeordnet sein, daß sie die Aufmerksamkeit der Kinder anzuziehen vermögen – ähnlich wie es Dinge tun, die in einem Schaufenster liegen. Überfüllte Regale, dicht aufeinandergestapelte Spiele, ramponierte Deckel, umklebte und ausgebesserte Schachteln können kaum anziehend wirken. Dagegen ist wenig Material in leicht einsehbaren Regalen geradezu ein Magnet mit starker Motivationskraft.

So wie im Kaufhaus Wühltische anregen zu wühlen – nicht weil sie schon von Beginn an durchwühlt sind, sondern weil man in übervollen Ständen gar nicht anders kann als wühlen –, regen übervolle Regale, Kisten und Schubladen zum Wühlen an.

Wie soll man in der Legokiste ein ganz bestimmtes Teil finden, ohne in ihr herumzurühren? Probieren Sie selbst einmal aus, das ganz leise zu tun. Bauen Sie beispielsweise ein Auto, und jedesmal, wenn Sie in die Kiste greifen, denken Sie daran, es leise zu tun. Wie lange wird Ihnen das gelingen? Wie oft werden Sie wirklich daran denken und es nicht vergessen? Und wie lange werden Sie die Freude an dem Spiel aufrechterhalten können?

Sie helfen den Kindern sehr und schonen gleichzeitig Ihre eigenen Nerven, wenn Sie Material getrennt sortiert aufbewahren. Neulich kam ich in einen Baumarkt und war fasziniert und begeistert von der Übersichtlichkeit, in der Schrauben, Nägel, Türgriffe etc. aufbewahrt waren. Und ich dachte spontan: „So muß es den Kindern ergehen, wenn sie in einen übersichtlich sortierten Gruppenraum kommen." Das läßt sich leicht bewerkstelligen, indem Sie in großen Schubladen einfach ein paar Unterteilungen anbringen oder anbringen lassen. Bewährt haben sich auch einzelne Teile von Besteckkästen. Die Kinder lieben diese Ordnung, und die meisten Kinder lieben es auch zu sortieren. Das ist für sie eine Art Spiel, eine feinmotorische Übung. Es ist im Grunde nichts anderes, Perlen nach Farben zu sortieren, Legosteine in getrennte Schälchen zu tun, als ein Steck- oder

Legespiel zu machen. Es hängt nur von uns ab, ob wir die eine Betätigung als Belohnung und die andere als Bestrafung darstellen und einsetzen.

Eine Mutter erzählt:

„Ich stand im Kinderzimmer und schaute auf die Kisten mit dem Spielzeug, das völlig ungeordnet darin durcheinanderlag. Ich fragte die Kinder, ob es nicht mühsam sei, immer das richtige herauszusuchen. Zu meinem Erstaunen bestätigten die Kinder das sofort. Und plötzlich sagte Hajo: ‚Ich sortiere das mal.' Ich traute meinen Ohren kaum. Er begann gleich damit, Schachteln und Schälchen herbeizuholen und die einzelnen Dinge hingebungsvoll zu sortieren. Er legte sie sogar einzeln nebeneinander hin, stapelte sie auf und legte sie nicht nur einfach irgendwie ab. Für mich war das ein Beweis von echter Ordnungsliebe und Sortierfreude, die Kinder natürlicherweise zeigen, wenn man ihnen die Möglichkeit dazu gibt."

Aber nicht nur von der Ordnung, sondern auch von der Materialfülle hängt es ganz wesentlich ab, ob die Kinder das Angebot noch überblicken, erfassen und die alte Ordnung wieder herstellen können. In den meisten Kindergärten ist ein viel zu großes Angebot vorhanden. Ich gebe in Seminaren gern eine Pauschale an und sage: „In den Gruppenräumen ist 50 Prozent zuviel Material und in den Familien 80 Prozent." Nach dieser provokanten Äußerung sehe ich in die Runde und sehe fast nur zustimmendes Nicken. Einige Kindergärten versuchen, das Problem des Überangebots und der damit verbundenen Lust- und Phantasielosigkeit der Kinder durch ein

Projekt „Spielzeugfreier Kindergarten" in den Griff zu bekommen. Aber warum das Kind gleich mit dem Bade ausschütten? Meistens ist der berühmte goldene Mittelweg die Lösung. Bei den Brettspielen reicht eines vom gleichen Prinzip. Wenn Sie beispielsweise „Bunte Ballons" zum Vertiefen der Farben haben, brauchen Sie nicht noch „Quips" und „Die kleine Schnecke". Wenn Sie ein Spiel von jeder Art bereithalten, dann kommen Sie insgesamt auf nicht mehr als fünf bis sieben Brettspiele. Diese Anzahl kann jedes Kind überschauen, und in einem solchen Regal läßt sich auch leicht Ordnung halten. Wenn Sie dann und wann für Abwechselung sorgen wollen, können Sie ja mal etwas austauschen. So bleiben die Materialien interessant, und Sie erhalten die Spielfreude der Kinder.

Darüber hinaus hat es wenig Sinn, mit den Kindern über Teilen und Rücksichtnahme zu sprechen in einer Umgebung, wo diese Tugenden überhaupt nicht erforderlich sind. Für Montessori war es selbstverständlich, daß in der Gruppe jedes Material nur einmal vorhanden ist. Dann werden Warten-Können, Geduldig-Sein, Austauschen und Kooperieren durch tägliche Übung zum selbstverständlichen Verhalten der Kinder. Schaffen Sie den Kindern dieses Übungsfeld, denn in einer immer näher zusammenrückenden Menschheit sind diese Fähigkeiten von größter Bedeutung. Auch hier gilt: Weniger ist mehr.

Ich halte ein Konstruktionsmaterial, das in sich viele Möglichkeiten birgt, für sinnvoller als viele verschiedene Materialien mit unterschiedlichen Schwierigkeitsstufen.

Zum Verkleiden reichen in der Regel ein Hut, ein

Rock, ein Gürtel und ein Tuch. Daraus kann die kindliche Phantasie nahezu alles machen. Und sie wird es auch. Probieren Sie's aus!

Zwei bis drei Bilderbücher können sachgerecht behandelt und in Ruhe gelesen werden. Hat sich das Interesse an ihnen erschöpft, tauschen Sie sie einfach aus. Außerdem ist es auf diese Weise gut möglich, die Kinder mit einem bestimmten Thema zu konfrontieren, indem Sie eben ein ganz bestimmtes Bilderbuch auslegen.

<u>Eine Mutter erzählt:</u>

„Gemeinsam mit den Kindern haben wir das gesamte Spielmaterial um mehr als die Hälfte reduziert. Bücher, Puppen, Autos gibt es jeweils nur noch einmal. Alles andere haben wir in einen dadurch frei gewordenen Schrank schön einsortiert. Fast sieht er aus wie ein Regal in einem Spielzeugladen. Einmal in der Woche treffen wir uns vor dem sonst verschlossenen Schrank, und jedes der Kinder darf sich ein oder zwei Dinge daraus auswählen und dafür ein oder zwei andere für die kommende Woche darin verschließen. Seitdem herrscht bei uns nicht nur mehr Ordnung, sondern auch wesentlich mehr Spielfreude."

Wenn Sie auf diese Art das Material vorbereiten und nicht nur einmal im Jahr, sondern bewußt immer wieder das Angebot bedenken und gestalten, ist das ein ausgezeichnetes pädagogisches Mittel, mit dem Sie indirekt stark lenken können und den Kindern trotzdem ihre Selbständigkeit lassen. Und das ist weitaus einfacher, als in den vielen verschieden Alltagsmomenten ständig lenkend eingreifen zu müssen.

Zusammenfassung

Kinder brauchen vorbereitetes Material

Deshalb ist es für sie wichtig,
daß ...
... alle Spiele vollständig sind.
... die Fülle der Materialien überschaubar ist. ... unterschiedliche Materialien (z. B. Belebungsmaterial) getrennt sortiert sind.
... Steck- und Legematerialien wirklich problemlos verwendbar sind.
... alle Spielschachteln ordentlich sind und nicht kaputt.
... sie Baukästen ohne große Anleitung wieder einräumen können.

Ziel und Plan für die 4. Woche

1. Überprüfen Sie das gesamte Spielmaterial und nehmen Sie *alles* weg, was unvollständig oder kaputt ist.
2. Überprüfen Sie Ihr Materialangebot nach dem Kriterium der Fülle, und haben Sie, wenn nötig, den Mut, *drastisch* zu reduzieren.
Achten Sie darauf, keine Änderungen vorzunehmen, ohne die Kinder vorzubereiten oder einzubeziehen.

Machen Sie Ihre Erfahrungen und schreiben Sie sich diese auf!

Kinder brauchen innere Ordnung

„Sie sagen ihm, daß das Spielen und die
Arbeit die Wirklichkeit und die Phantasie,
die Wissenschaft und die Vorstellungskraft,
der Himmel und die Erde, die Vernunft
und der Traum Dinge sind, die nicht zusammengehören."
Loris Malaguzzi

Innere Ordnung und Zufriedenheit

Wer innerlich geordnet ist, der ist zufrieden und spürt seine Kraft. Er kann sich Aufgaben stellen und ist fähig, aktiv zur Gemeinschaft beizutragen. Dann sind wir fähig, auf andere Menschen zuzugehen, weil wir es nicht nötig haben, uns selbst zu schützen. Deshalb sind innerlich geordnete Kinder gelassene Kinder. Sie sind ausgeglichen, konzentrationsfähig, interessiert und offen für die Belange anderer Kinder. Und uns Erwachsenen geht es im Grunde nicht anders. Wenn Sie mit sich selbst im reinen sind, sind Sie auch eine gute Erzieherin, sind Sie eine gute Mutter, ein guter Vater. Sie spüren Energie und sind leistungsfähig. Sie haben Verständnis für die Kinder, die Eltern, den Partner und sind flexibel genug, situationsgerecht zu handeln. Fehlt Ihnen diese innere Ordnung, können Sie Ihre Fähigkeiten, Ihr pädagogisches Geschick und Ihre Fachkenntnisse möglicherweise gar nicht zum Tragen bringen – nicht weil Sie sie verloren hätten, sondern weil Ihnen dann eine wichtige Lebensbedingung fehlt. Die innere Ordnung ist also eine der wichtigsten Voraussetzungen für die persönliche Zufriedenheit und ein konstruktives soziales Miteinander.

Diese läßt sich weder erzwingen noch verordnen. Sie

ist ein Produkt der Freiwilligkeit. Die *vorbereitete Umgebung*, in der die Kinder sich ihren Neigungen und ihren Fähigkeiten gemäß entfalten dürfen, schafft eine ganz wichtige Voraussetzung für inneres Geordnet-Sein. Überhaupt trägt alles, was Ordnung schafft, zur Erhaltung und zum Aufbau der inneren Ordnung bei.

Aber gibt es darüber hinaus eine weitere ganz wichtige Lebensbedingung: Jeder Mensch bildet eine Einheit von Körper, Geist und Seele. „In jeder Äußerung ist der ganz kleine Mensch mit Leib und Seele, mit Denken, Fühlen und Wollen beteiligt."[15] Das bedeutet, daß ein Kind gar nicht anders kann als ganzheitlich zu agieren und zu reagieren. Und wenn es gesund bleiben soll, müssen wir ihm dieses ganzheitliche Leben und Erleben gestatten, mehr noch: wir müssen es unterstützen. Leider ist das oft nicht der Fall. „Die Schule und die Umwelt trennen ihm den Kopf vom Körper. Sie bringen ihm bei, ohne Hände zu denken, ohne Kopf zu handeln, ohne Vergnügen zu verstehen, ohne Sprechen zuzuhören ..."[16] Die Folge davon ist: „Die Hand bewegt sich ohne Zweck; der Geist entfernt sich von der Wirklichkeit, die Sprache versucht Gefallen an sich selbst zu finden; der Körper bewegt sich ohne Ordnung."[17]

Mit dieser Beschreibung entwirft Montessori ein typisches Bild vom zerstreuten, zu Unordnung und störendem Verhalten neigenden Kind. Jeder, der mit Kindern

---

[15] Jacobs, Dore: „Bewegungsbildung – Menschenbildung", A. Henn Verlag 1978, Kapitel XII. 3.
[16] Malaguzzi, Loris: in: Dreier, Annette: „Was tut der Wind, wenn er nicht weht?" – Kleinkindpädagogik in Reggio Emilia – Berlin 1993, S. 15.
[17] Montessori, Maria: „Das kreative Kind", Freiburg 1972, S. 182.

zu tun hat, kennt diese Symptome aus reichlicher Erfahrung. Daran leiden nicht nur die betreffenden Kinder, sondern auch die anderen Kinder und wir Erwachsenen auch. Denn: „Diese getrennten Energien, die nie Befriedigung finden, bewirken unzählige Kombinationen abweiger Entwicklung, die die Ursache für Konflikte und Störungen sind."[18]

Was ist zu tun? Wir müssen den Kindern ermöglichen, mit den Händen zu denken, mit Verstand zu handeln, mit Vergnügen zu verstehen und aktiv am Leben teilzunehmen. Wie das konkret aussieht, wurde Montessori in einem Erlebnis deutlich, das sie in ihrem ersten Kinderhaus hatte. Sie beobachtete ein etwa dreijähriges Mädchen, das tief versunken war in die Beschäftigung mit einem Zylinderblock, aus dem es die kleinen Holzzylinder herauszog und wieder an ihre Stelle steckte. Der Gesichtsausdruck des Mädchens zeugte von einer intensiven Aufmerksamkeit, von der Montessori fasziniert war. Denn sie war überzeugt gewesen von der „charakteristischen Unstetigkeit der Aufmerksamkeit des kleinen Kindes", das „rastlos von einem Ding zum anderen wandert".[19]

Und nun erlebte sie ein Kind, das ganz vertieft war in seine Tätigkeit und seinem Spiel völlig hingegeben wirkte. „Zu Anfang beobachtete ich die Kleine, ohne sie zu stören, und begann zu zählen, wie oft sie die Übung wiederholte, aber dann, als ich sah, daß sie sehr lange damit fortfuhr, nahm ich das Stühlchen, auf dem sie saß, und stellte Stühlchen und Mädchen auf den Tisch; die

---

[18] Ebd.
[19] Montessori, Maria: „Schule des Kindes", Freiburg 1991, S. 69.

Kleine sammelte schnell ihr Steckspiel auf, stellte den Holzblock auf die Armlehnen des kleinen Sessels, legte die Zylinder in den Schoß und fuhr mit ihrer Arbeit fort. Da forderte ich alle Kinder auf zu singen; sie sangen, aber das Mädchen fuhr unbeirrt fort, seine Übung zu wiederholen, auch nachdem das kurze Lied beendet war."[20]
Was würde das Kind bewegen, sein Spiel abzuschließen? Würde es vielleicht bald keine rechte Lust mehr daran haben, noch einen Moment mit weniger Freude weitermachen, um dann ganz aufzuhören? So könnte man es vermuten! Aber so war es nicht. Aus unerklärlichem Grunde und ganz unvermittelt schloß das Mädchen sein Spiel ab. Es zeigte weder Ermüdungserscheinungen noch Lustlosigkeit. Vielmehr „schaute es zufrieden um sich, als erwachte es aus einem erholsamen Schlaf."[21]

Weil dieses Kind eine Einheit seiner Sinneseindrücke, seiner Bewegungen und seiner Interessen erlebt, war es von diesem Spiel bzw. Lernvorgang so fasziniert, daß es die Welt um sich herum für einen Moment vergaß. Jeder von uns hat solche Momente selbst erlebt, in denen wir völlig vertieft mit Hingabe und Freude bei einer Tätigkeit waren. Manche Menschen erleben dies beim Lesen, andere bei handwerklichen Tätigkeiten, manche bei einem spannenden Film. Und wir wissen, wie wohltuend diese Momente sind. Sie machen uns frei und geben uns ein Gefühl von Zufriedenheit, wie es auch Montessori bei dem Mädchen beobachtet hatte. „Und jedesmal, wenn eine solche *Polarisation der Aufmerksamkeit* stattfand, begann sich das Kind vollständig zu verändern.

---

[20] Montessori, Maria: „Schule des Kindes", Freiburg 1991, S. 70.
[21] Ebd.

Es wurde ruhiger, fast intelligenter und mitteilsamer. Es offenbarte außergewöhnliche innere Qualitäten (...)"[22]

Dieses Phänomen, das später auch als das Montessori-Phänomen bekannt wurde, ist sozusagen der Dreh- und Angelpunkt für die innere Ordnung des Kindes. Es befreit die Handlungen des Kindes „und bringt ihm die Genesung von seinen Fehlern."[23] Es geht also darum, den Kindern diese Art der Konzentration zu ermöglichen, weil dadurch die Kinder eine innere Ordnung erfahren. „Wir sagen ‚Konzentration' und nicht nur ‚Beschäftigung'. Denn wenn die Kinder teilnahmslos von einem Ding zum anderen übergehen, auch wenn sie es richtig benutzen, verschwinden dadurch ihre Fehler nicht."[24] „Die Genesung ist der Beginn einer neuen Lebensform. Das Hauptkennzeichen bleibt immer das gleiche: Das Aufgehen in einer Arbeit, einer interessanten, frei gewählten Arbeit, die die Kraft hat zu konzentrieren und die, anstatt zu ermüden, die Energien, die geistigen Fähigkeiten und die Selbstbeherrschung erhöht."[25]

Der praktische Weg zur inneren Ordnung

Die Polarisation der Aufmerksamkeit

Es ist das Hingegeben-Sein an eine Tätigkeit, die tiefe *Freude am erfüllenden Tun*, was Kinder innerlich ordnet und zu ausgeglichenen Kindern macht. Freude und Erfüllung ereignen sich nicht auf Anordnung, sondern sie

---

[22] Ebd.
[23] Montessori, Maria: „Das kreative Kind", Freiburg 1991, S. 185.
[24] Ebd.
[25] Ebd.

geschehen in Freiheit. Deshalb ist es so wichtig, daß Kinder einen Raum und ein Materialangebot vorfinden, wo sie frei wählen dürfen. Ebenso wichtig ist der freie zeitliche Rahmen. Kinder brauchen die Zeit und die Ruhe, sich mit den eigenen Interessen zu konfrontieren. Bevor Kinder sich in eine Tätigkeit versenken, befinden sie sich in einer Phase der Orientierung und des Suchens. Wir beobachten, wie sie durch den Raum gehen, dieses oder jenes Material berühren, gelegentlich sogar etwas beginnen oder einfach stille Beobachter sind. Diese Phase ist von großer Bedeutung, obwohl uns die Kinder dann meist lustlos und unentschlossen erscheinen. Häufig bringen sie auch eine gewisse Unruhe in den Raum. Ich selbst habe dann oft den Kindern etwas angeboten, und wenn mir ihre Suche zu lange dauerte, sogar auch gelegentlich einfach ein Spiel verordnet. Ich wußte und konnte es damals nicht besser. Dann saßen die Kinder zwar am Tisch, aber Spielfreude, konzentriertes Tun und Zufriedenheit kamen nicht auf. Deshalb war ich auch selbst nie wirklich zufrieden.

Wenn wir den Kindern aber die Möglichkeit lassen, das zu finden, was sie brauchen, dann werden sie auch bei dieser Tätigkeit bleiben. Es ist so, wie es uns Erwachsenen im Buchladen gehen könnte. Sie haben gar nicht vor, etwas zu kaufen, sondern Sie wollen sich nur etwas die Zeit vertreiben. Draußen regnet es, und Ihre Straßenbahn fährt erst in 20 Minuten. Sie gehen an den Regalen vorbei, nehmen dieses und jenes Buch in die Hand, manche schlagen Sie auf, lesen ein paar Zeilen, um sie dann doch wieder zurückzulegen. Die Zeit vergeht, und bald fährt Ihre Bahn. Doch dann: „Das ist doch ein interessanter Titel. Hat nicht neulich jemand davon erzählt? Tatsächlich, das ist es. Ist das wirklich so interessant?" Sie beginnen zu lesen. „Nicht schlecht. Wußte ich noch gar nicht!" Die Zeit vergeht, doch Sie haben die Zeit in diesem Moment vergessen. – „Mensch, meine Straßenbahn! Weg! – Na, macht nichts."

Wir alle brauchen Anregungen. Und die können wir Kindern in der Vorbereitungsphase durchaus geben. Aber unsere Vorschläge müssen dezent sein und dürfen keinerlei Druck ausüben. Stellen Sie sich vor, der Verkäufer im Buchladen würde, nachdem Sie ein Buch angeschaut und dann zurückgelegt haben, verlangen, das Buch jetzt zu kaufen oder wenigstens zu Ende zu lesen, weil Sie es schließlich in die Hand genommen haben. Ähnliches soll ja gelegentlich im Kindergarten vorkommen: „Du hast das Spiel herausgeholt, jetzt machst du es auch zu Ende." Das Kind muß sich frei fühlen, sowohl Nein wie Ja zu unserem Angebot sagen zu dürfen. Viel wichtiger, als daß das Kind brav ist, ist es, ihm die Erfahrung der Polarisation der Aufmerksamkeit zu ermöglichen. Dann wird es anschließend ganz wie von selbst ein gutes und ausgeglichenes Kind sein.

Und wenn wir selbständige und eigenverantwortliche Menschen erziehen wollen, müssen wir zudem damit aufhören, Kinder ständig zu motivieren und für Dinge zu begeistern, die sie eigentlich gar nicht wollen. Sonst dürfen wir uns nicht darüber wundern, daß sie mit zunehmendem Alter auch ständig auf Motivation von außen und Unterhaltung warten. So erzieht man Menschen, deren innere Zufriedenheit von äußeren Anreizen abhängig ist. Im Falle leichter Abhängigkeit sitzen sie vielleicht stundenlang vor dem Fernseher oder in der Spielothek; in schwerwiegenderen Fällen müssen Suchtmittel her.

Also lassen Sie den Kindern diese Zeit. Sie werden sehen, daß ihr Bedürfnis, sich selbst zu betätigen, in dem Maße wächst, wie Sie selbst aufhören können, ihnen ständig etwas zu bieten, so wie auch Menschen erst das Bedürfnis nach Nahrung spüren können, wenn sie nicht ständig gefüttert oder zum Essen überredet werden.

Wenn Kinder diese Phase der Orientierung und des Suchens nicht durchleben, würde das voraussetzen, daß sie in den Gruppenraum kommen und schon wissen, was genau sie tun wollen. Dann könnten sie zielstrebig auf Materialien und Tätigkeiten zugehen. Vor allem jüngere Kinder können aber kaum überlegt und geplant handeln. Denn bewußte Ziele zu haben setzt Erfahrungen und Sachkenntnis voraus – z. B. wieviel Zeit einzelne Spiele in Anspruch nehmen oder wie schwierig bestimmte Angebote sind, welche Fähigkeiten dem Kind abverlangt werden. All dieses können Dreijährige noch gar nicht einschätzen.

Hat ein Kind dann aber das Richtige gefunden und ist in seine Tätigkeit vertieft (Phase der Vertiefung), dann ist es das Wichtigste, es nicht zu stören. In diesem Moment findet es alles, was es braucht, durch sein eigenes Tun. Es braucht nicht Ihre Hilfe und auch nicht Ihre Kontrolle, noch nicht einmal Ihre Begeisterung. Überlassen Sie es ganz und gar dieser Erfahrung. Sie erkennen ein Kind in dieser Phase übrigens nicht an seiner überschäumenden Begeisterung, sondern an seiner tiefen Ernsthaftigkeit und gleichzeitigen Entspanntheit. Wenn in diesen Momenten ein Kind öfters gestört wird, dann wird es unzufrieden und mit der Zeit auch aggressiv. Es ist, wie wenn Sie ein fesselndes Buch lesen oder einen spannenden Film anschauen und man Sie dabei ständig unterbricht. Sogar jemand, der sagt, wie wunderbar und spannend das ist, kann sehr störend wirken. Man reagiert genervt. Kinder verlieren durch diese Störungen mit der Zeit sogar ihre Fähigkeit zu diesem vertieften hingebungsvollen Tun. Und daran müssen sie krank werden. Wir kennen alle die „chronisch" unkonzentrierten und gereizten Kinder, denn unser gesamtes Erziehungssystem ist eher darauf aus, dem Kind ständig etwas zu bieten, es fortlaufend zu versorgen, als darauf, seine eigenen inneren Impulse zu stützen und zu respektieren.

Wenn Sie Ihr Buch schließlich zu Ende gelesen haben, der Film aus ist, dann hängen Sie vermutlich gerne diesen Gedanken und diesem Erlebnis noch eine Weile nach (Abschlußphase). Dann möchten wir nicht unbedingt darüber Rechenschaft geben, was wir verstanden haben, und schon gar nicht darüber diskutieren, ob das wirklich so gut war. Schön wäre es eher, wenn uns dann jemand, vielleicht sogar ohne Worte, spüren ließe, daß er unsere Eindrücke versteht.

Das können wir auch vielfach bei den Kindern beobachten. Besonders deutlich wird es, wenn wir ihnen eine packende Geschichte erzählt haben. Mit offenem Mund und strahlenden Augen sitzen sie wortlos vor uns, und man merkt, daß der Inhalt noch in ihnen nachwirkt. Wenn wir Fragen stellen, kommen häufiger keine Antworten oder wenigstens nur sehr zögernd. Erst nach und nach kommen die Kinder wieder im „Hier und Jetzt" an. Und das ist gut so. Der ruhige Schluß eines Spiels, einer Geschichte oder Beschäftigung gibt den Kindern die Möglichkeit, das Erfahrene ausschwingen zu lassen und sich möglicherweise dann erst des Inhalts bewußt zu werden. Deshalb ist es sinnvoll, die Kinder nicht zum Sprechen zu drängen. Und ganz fehl am Platze wäre es, jetzt noch irgendwelche Belehrungen hinzuzufügen, sozusagen noch die Moral der ganzen Geschichte loszuwerden. Was ein Kind jetzt nicht aufnehmen konnte, dazu ist es vermutlich zu diesem Zeitpunkt noch nicht reif. Das müssen wir es nicht durch unsere „schlauen" Bemerkungen spüren lassen.

Eine Erzieherin erzählt:

„Ein Mädchen in meiner Gruppe holt sich ganz selten etwas zu spielen. Meistens steht es irgendwo herum und schaut anderen Kindern zu. Ich habe es dann oft angesprochen: ‚Komm, ich zeige dir mal etwas.' oder: ‚Setz dich, wir spielen mal etwas zusammen!' Als ich es letzte Woche wieder so beobachtete, habe ich mich bewußt zurückgehalten. Das ist mir ungeheuer schwergefallen, denn ich spürte Unruhe in mir und dachte: ‚Sie kann doch nicht einfach so herumstehen.' Schließlich fiel mir ein, daß ich es wie Montessori machen könnte, und fragte: ‚Darf ich dir etwas zeigen.' – Die verblüffende Antwort des Kindes lautete: ‚Nein!' – Aber weil es so klar war, konnte ich es dann beruhigt lassen."

Eine Mutter erzählt:

„Schon öfter hatte ich das Gefühl, ich müßte meinen Kindern mehr bieten, mehr mit ihnen unternehmen, und ich hatte ein echt schlechtes Gewissen, wenn ich mich mit anderen ‚aktiven' Eltern verglich. Aber jetzt bin ich glücklich darüber, daß sich meine Kinder auch allein beschäftigen können und oftmals ganz zufrieden und ruhig dasitzen, wenn ich in der Küche arbeite. Mir ist jetzt klar, wie gut es den Kindern tut, in dieser entspannten, aber auch anregenden Umgebung einfach nur zu sein und alles Beobachtbare in sich aufzunehmen."

Zusammenfassung

Kinder brauchen innere Ordnung,
d. h. die Polarisation der Aufmerksamkeit.
Deshalb ist es für sie wichtig,
daß ...
... sie eine für sie vorbereitete Umgebung vorfinden.
 – hinsichtlich des Materials
 – hinsichtlich der Raumgestaltung
... sie die Zeit und die Ruhe bekommen, um sich mit den eigenen Interessen konfrontieren zu können.
... sie nur Anregungen und Vorschläge bekommen und nicht zu irgendeinem Spiel gezwungen werden.
... man sie in der Phase der „großen Arbeit" nicht stört.
 – auch nicht durch Nachfragen, Helfen u. ä.
... sie nach Abschluß des Spiels noch einen Moment Ruhe bekommen.
... sie nicht zum Sprechen gedrängt werden.
 – Abwarten, ob die Kinder sich von selbst äußern
 – vielleicht nur das Kind durch eine Verständnisäußerung anregen
... man ihnen gut zuhört und keine weiteren Belehrungen hinzufügt.

Ziel und Plan für die 6. Woche

1. **Beobachten Sie Kinder in verschiedenen Phasen der Aufmerksamkeit:**
   - Orientierungsphase
   - Phase der „großen Arbeit"
   - Abschlußphase
2. **Schreiben Sie drei konkrete Beispiele auf, in denen Sie den einzelnen Phasen entsprechend gehandelt haben!**
   z. B. geduldig in der 1., zurückhaltend in der 2. und still in der 3. Phase

Beschreiben Sie genau, was Sie beobachtet und dann getan haben.

Kinder brauchen Vertrauen

„Der größte Anreiz für die Entwicklung eines Kindes liegt darin, ein Kind Erfahrungen machen zu lassen, für die es nur scheinbar noch zu klein ist."

Rudolf Dreikurs

„Der Erstkläßler Max beherrscht das Alphabet schon gut. Zu Hause hat er es mit Mutter auswendig gelernt. Der Lehrer hat ihn aufgerufen, und Max soll nun das Alphabet aufsagen. Max steht auf, und er spürt, daß die Blicke der anderen Kinder auf ihn gerichtet sind. Manche sind erleichtert, weil der Lehrer nicht sie ausgewählt hatte, andere warten, wie Max seine Sache machen wird. – Max ist ein intelligentes Kind. Er hat seine Hausaufgaben gemacht und ist gut vorbereitet. Trotzdem kommt ihm einen Moment ein Zweifel, ob er auch wirklich die lange Reihe aller Buchstaben auswendig weiß. Nach Unterstützung suchend blickt er zum Lehrer. Der schaut ernst und wartet nur, daß Max seine Aufgabe erledigt. – Max gibt sich einen Stoß und fängt an. Ein Weilchen geht es gut, dann bleibt er hängen. Er beginnt von neuem, doch schon bevor er wieder an die Stelle kommt, an der er zuvor nicht mehr weiter wußte, muß er schon daran denken, was wohl passieren würde, wenn er wieder steckenbliebe. Noch hatte er den Gedanken nicht zu Ende gedacht, da wußte er erneut nicht weiter." [26]

---

[26] Wichtmann, Gerda: in „Lichtblick", Zeitschrift des Vereins Trendwende Ermutigung e. V.

Solche oder ähnliche Situationen kennen Sie sicher auch aus Ihrem eigenen Leben: Sie sind gut vorbereitet und sind sich dennoch nicht ganz sicher, ob Sie der Aufgabe gewachsen sind. Bei dem einen ist es die Führerscheinprüfung, die ihm Schwierigkeiten macht, obwohl es während der Fahrstunden schon längst keine Probleme mehr gibt. Andere werden plötzlich unsicher, wenn sie eine eigene Meinung verteten sollen, und es fehlen ihnen plötzlich die Argumente oder Gedanken. Selbst im Leistungssport ist oft davon die Rede, daß Höchstleistungen letzten Endes nicht nur von der Begabung und dem Trainingsfleiß abhängen, sondern von der „mentalen" Stärke, also von dem Glauben des Sportlers an sich selbst.

Der Glaube an die eigenen Möglichkeiten, das Vertrauen auf unsere Fähigkeiten entsteht durch ganz bestimmte Erfahrungen, die wir machen. Vielleicht haben Sie schon einmal einen Vortrag oder einen Elternabend gehalten und sich dabei ähnlich gefühlt wie Max. Wenn man Ihnen dann aber Mut gemacht hat, indem man zu Ihnen stand oder Sie unterstützte, konnten Sie die Erfahrung machen: „Eigentlich ist das so schwierig nicht, nächstes Mal fühle ich mich schon sicherer." Haben Sie zudem noch ein verständnisvolles Publikum gehabt, das Ihnen in dieser Situation freundlich begegnete und vielleicht dann und wann sogar zustimmend nickte, dann werden Sie das Vertrauen aufgebaut haben: „Ich kann das. Und nächstes Mal mache ich es noch ein wenig besser."

So hätte es auch Max ergehen können. Stellen Sie sich vor, was passiert wäre, wenn der Lehrer ihm einen aufmunternden Blick geschenkt hätte. Eventuell wäre vieles ganz anders gelaufen, wenn der Lehrer in dem Moment, indem Max steckenblieb, gesagt hätte: „Laß dir ein wenig Zeit. Ich bin sicher, gleich fällt es dir ein." Er hätte auch sagen können: „Bis hierher war es schon gut. Wer von den Kindern kann Max weiterhelfen?" Was Max durch dieses Vertrauen gelernt hätte, wäre viel wertvoller gewesen als ein perfekt aufgesagtes Alphabet, denn es hätte ihm die Überzeugung vermittelt: „Ich kann das schon. Und den Rest werde ich lernen."

„Die tiefste Entmutigung", sagt Maria Montessori, „entspringt der Überzeugung, daß man ‚nicht kann'. (...) Die Möglichkeit, eine Anstrengung, einen Versuch zu unternehmen, erlischt, bevor überhaupt von ihr Gebrauch gemacht wird, und zurück bleibt ein Gefühl völliger Ohnmacht. (...) Dem Erwachsenen genügt es nicht, dem Kind eine Handlung zu verbieten, er muß ihm auch noch sagen: Du kannst das nicht. (...) Gröbere sagen vielleicht: (...) Du siehst doch, daß du dazu nicht fähig bist. (...) So kommt es zur Verzagtheit, zum Mangel an Selbstvertrauen."[27]

Damit das nicht passiert, brauchen Kinder unser Vertrauen. Was wir den Kindern zutrauen, das trauen sie sich auch selbst zu. Trauen wir Erwachsenen dem Kind Negatives zu, dann lernt es, sich selbst entsprechend zu betrachten und ein negatives Bild von sich selbst aufzubauen.

---

[27] Montessori, Maria: „Kinder sind anders", München ⁶1991, S. 173.

Eine Mutter erzählt:

„Wenn ich Manuela in den Kindergarten brachte, habe ich oft zur Erzieherin gesagt: ‚Achten Sie bitte darauf, daß sie ihr Brot ißt. Sie würde am liebsten nichts essen, wenn man nicht aufpaßt.' Die Erzieherin nickte mir beruhigend zu und ging dann aber ihren Aufgaben nach, ohne Manuela weiter zu beachten.

Als ich sie mittags abhole, gilt mein erster Blick dem Inhalt der Kindergartentasche. Das Brot ist noch drin. Ich bin verärgert, weil Manuela nichts ißt und die Erzieherin nicht aufpaßt. – Zurechtweisende und belehrende Worte, zuerst an Manuela, dann an die Erzieherin. Aber die verändern nichts, außer daß Manuela zusehends unsicherer wird. Wahrscheinlich sollte ich doch ihrem Hungergefühl mehr vertrauen. Sie wird schon nicht verhungern."

Jedes Lebewesen in der Natur ist imstande, angemessen über die Menge und den Rhythmus der Nahrungsaufnahme zu entscheiden, und dennoch gibt es viele Eltern, die ernsthaft glauben, ihre Kinder würden sozusagen freiwillig verhungern. Sie haben kein Vertrauen in ihre Kinder: nicht in deren ganz natürlichen Bedürfnisse und auch nicht in den vorhandenen Überlebenstrieb. In diesem Fall trauen sie ihren Kindern weniger zu als ihrem Hund. Und das muß für jedes Kind eine schmerzliche Erfahrung sein, weil das Kind nämlich seinen Eltern vertraut und ihnen glaubt. Es glaubt: „Ich kann meinen eigenen inneren Impulsen nicht trauen, denn meine Eltern wissen es besser." Und diese Eindrücke lehren das Kind, das immer dazu neigt zu generalisieren: „Ich kann mir nicht vertrauen, denn die Erwachsenen trauen mir auch nicht."

Ein Mensch, der kein Selbstvertrauen entwickelt hat, dem nützen auch die grandiosesten Fähigkeiten und Begabungen nichts, denn wer nicht an seine Möglichkeiten glaubt, wird diese auch nicht verwenden – jedenfalls nicht öffentlich. Was nützt es schon, wenn Sie zwar sehr schön singen, malen oder sprechen können, aber niemand weiß es und niemanden interessiert es. So etwas beflügelt uns nicht, sondern macht traurig und weckt das Gefühl von Sinnlosigkeit.

Deshalb brauchen Kinder unser Vertrauen, damit sie sich auch selbst etwas zutrauen und dadurch die Erfahrung machen können, daß es sich lohnt, etwas auszuprobieren und durchaus einmal etwas zu wagen. So etwas macht Mut und baut auf, denn es festigt den Glauben an die eigenen inneren Potentiale. Auch wenn mal etwas schiefgeht, sind Kinder nicht entmutigt, sondern sie lernen daraus. Jedes Kind wird wieder und wieder versuchen, den Turm mit Bausteinen aufzubauen, auch wenn er noch so oft zusammengestürzt ist. Es hat einfach Freude am Probieren. Die meisten Kinder wollen sogar am liebsten ganz allein herausfinden, wie man ein Problem löst, und reagieren durchaus nicht erfreut, wenn wir ihnen ungefragt zeigen wollen, wie's geht. Und diese Freude am Ausprobieren sollen wir ihnen auch nicht nehmen, indem wir sie spüren lassen, daß Fehlermachen schlimm ist. Wer lernt, wird und darf Fehler machen. Das ist ganz normal.

Und es ist auch besser, wenn wir den Kindern nicht abnehmen, was sie schon selber können. Ein Kind, das sich anziehen kann, sollte das auch selber tun. Wer trotzdem ständig hilft, weil das schneller geht, vermittelt dadurch: „Du kannst es zwar, aber noch nicht gut genug, deshalb ist es besser, ich tue es für dich." Und das Kind versteht: „Wenn man etwas nicht perfekt kann oder mindestens so gut wie andere, soll man es lieber lassen." Mit diesem Vergleich im Hinterkopf findet man immer jemanden, der besser ist. Da müssen wir uns nicht wundern, wenn Kinder passiv oder vielleicht sogar faul werden, denn das ist meistens die Folge.

Viel wertvoller ist es, auf das Gute im Kind zu vertrauen. Dabei geht es nicht um blindes Vertrauen, sondern um die Tatsache, daß Gutes überall wahrgenommen werden kann, wo man bereit ist, sich innerlich darauf auszurichten. Denn ob man etwas eher positiv oder negativ betrachtet, hängt fast ausschließlich von den eigenen Bewertungsmaßstäben ab. „Wie leicht sagen wir, ein Kind tut etwas Böses, wenn es etwas tut, was uns belästigt oder was unsere Gewohnheiten ändert und unsere Ruhe und Bequemlichkeit stört."[28] Wir wissen ja inzwischen, daß jedes Kind ganz bestimmte Möglichkeiten und Fähigkeiten in sich trägt, und diese wird es auch entwickeln, wenn wir auf sie vertrauen, statt ständig auf das zu schielen, was das Kind noch nicht weiß und kann.

Eine Erzieherin erzählt:

„Es ist Laternenzeit. Suse und Sibille stehen vor mir mit der Frage: ‚Marianne, dürfen wir mit Suses Laterne in den Bewegungsraum und dort ein wenig herumgehen?' Der Bewegungsraum liegt im Keller, und ich begreife so-

---

[28] Schulz-Benesch, Günter/Oswald, Paul: „Grundgedanken der Montessori-Pädagogik", Freiburg 1990, S. 110.

fort, daß es ihnen darum geht, mit einer leuchtenden Laterne dort herumzugehen. Mir zieht es alles zusammen, aber ich bleibe ruhig und sachlich und frage: ‚Wie wollt ihr das machen?' – Sibille sagt: ‚Ich werde die Laterne auf den Boden stellen und den Stab halten, dann kann Suse die Kerze mit dem Streichholz entzünden.' – Ich atme tief durch und willige ein. Mit meiner ganzen Aufmerksamkeit folge ich den beiden innerlich in den Keller, bereit, bei dem leisesten Geräusch oder Signal herunterzurennen. Nach zehn Minuten erscheinen sie wieder im Gruppenraum. Alles ist gutgegangen. Die ‚Prüfung' ist bestanden. Und dann: ‚Marianne, dürfen wir Sibilles Laterne auch noch mitnehmen?' Ich zögere und blicke bestimmt eher mißtrauisch als nachdenklich. ‚Wie wollt ihr das denn dann anstellen.' – ‚Wir stellen beide Laternen auf den Boden, und den Stab legen wir auf die Schwebebank. Das geht. Und dann zünden wir die Kerze an.' Ich fühle mich hin- und hergebeutelt, will auf keinen Fall etwas falsch machen. Zwei Augenpaare schauen mich fragend und bittend an. Und ich frage mich, was ich den beiden zutrauen kann. Daß sie sicher mit Zündhölzern umgehen können, das habe ich in der Gruppe oft genug beobachten können. Es sind auch zwei ruhige und besonnene Mädchen, die sich zuverlässig an Regeln halten. Und sie haben sich, wohl der Gefahren bewußt, überlegt, wie sie möglichst sicher vorgehen können. Ich willige nach diesen Überlegungen, die sie schweigend abgewartet haben, ein. Sie drehen sich um und gehen in Richtung Gruppentür. Bevor sie den Raum verlassen, drehen sich beide nochmal zu mir um, und Sibille sagt: ‚Marianne, du kannst uns vertrauen.'"

Es geht nicht um leichtsinnige Entscheidungen, sondern es geht, wie Rudolf Dreikurs es ausdrückt, darum, die Kinder Erfahrungen machen zu lassen, für die sie nur *scheinbar* zu klein sind. Alle Menschen haben, wie Alfred Adler sagt, ein eingebautes Ziel der Vollkommenheit. Alle möchten gerne gut sein und lernen. Und sobald die Kinder spüren, daß wir davon ganz fest überzeugt sind, werden sie sich auch systematisch weiterentwickeln. Wenn Sie dem einzelnen Kind zudem seine Stärken mehr bewußt machen als seine Schwächen, wird es sich zunehmend mehr an seinen positiven Seiten orientieren und diese ausbauen.

Zusammenfassung

<u>Kinder brauchen Vertrauen</u>

Das spüren sie wenn ...
... wir ihnen etwas zutrauen, damit sie sich selbst etwas zutrauen.
... wir auch gewagte Versuche nicht gleich unterbinden.
... wir ihnen erlauben, Fehler zu machen und aus diesen zu lernen.
  – weil Kinder durch Tun lernen
  – weil in der Phase des Probierens auch etwas schiefgehen kann
... wir ihnen nicht abnehmen, was sie selber können.
... wir sie nicht drängen, sondern daran glauben, daß jedes Kind seinen Weg findet, wenn wir es nicht entmutigen.

- wenn es bereit ist, wird es sich mit den Dingen beschäftigen, die es auch wirklich aufnehmen und verarbeiten kann.
... wir an ihre positiven Entwicklungsmöglichkeiten glauben.
  - auch wenn der Fortschritt noch nicht sichtbar ist und
  - das Ergebnis noch nicht deutlich ist
... wir an das Gute in ihnen glauben.
  - daran, daß sie das Gute wollen
  - daran, daß sie zuverlässig sind
  - daran, daß sie in jedem Moment das Beste tun, das sie können.

Ziel und Plan für die 7. Woche

1. Schreiben Sie fünf Antworten zu der Frage auf:
Was können meine Kinder (schon) gut?
2. Und finden Sie fünf weitere Antworten auf die Frage:
Was finde ich gut an mir:
als Erzieherin bzw. Eltern oder als Mensch?

Wer bei sich selbst das Gute nicht sieht, wird es bei anderen auch nur schwer erkennen können.

Der Umgang mit Fehlern

> „Wir lernen nur dann aus unseren Fehlern, wenn wir keine Angst haben, Fehler zu machen."
>
> *Rudolf Dreikurs*

Wir alle machen Fehler. Auch wenn wir Erwachsenen im Vergleich zu den Kindern schon viel verstanden und gelernt haben, so machen wir dennoch nicht weniger Fehler als sie. Unsere Fehler sind lediglich anderer Art, weil wir in einer anderen Lebenssituation mit anderen Aufgaben und Herausforderungen stehen. Ist das schlecht? Sind wir schlecht, weil wir nicht vollkommen sind? Ist ein Mensch erst dann gut, wenn er keine Fehler mehr macht? Dann wird es niemals einen guten Menschen geben, weil es niemals einen vollkommenen Menschen geben wird. Gerade wegen unserer Unvollkommenheit sind wir Menschen lernfähiger als alle anderen Wesen in der Schöpfung. Überlegen Sie einmal, wie es Ihnen geht, wenn sie etwas falsch gemacht haben. Als erstes werden Sie nach dieser Erkenntnis vermutlich den Entschluß fassen, diesen Fehler nicht zu wiederholen. Das ist nicht nur dann so, wenn Sie etwas Grundlegendes falsch gemacht haben und dadurch Nachteile haben, sondern auch bei „Kleinigkeiten". Sie haben vielleicht ein kleines Knobelspiel und versuchen, die Lösung herauszufinden. Im Grunde wird sich in Ihrem Leben nichts verändern, ob Sie nun die Lösung finden oder nicht. Aber es reizt Sie, dem Rätsel auf den Grund zu kommen. Sie probieren es immer wieder und finden durch Ihre Fehler heraus, was und wie Sie es nicht machen dürfen. Das bringt Sie der Lösung näher. Die Fehler, die Sie machen, sind Ihnen wahrscheinlich ein Ansporn, es weiter zu probieren. Das wäre anders, wenn eine Person, die die Lösung schon kennt, Ihnen jetzt „dazwischenfunken" würde und Ihnen zu verstehen gäbe: ‚Du machst immer denselben Fehler. Merkst du das nicht? Es ist doch ganz einfach. Ich habe es auf Anhieb herausgefunden.' Vielleicht probieren Sie es trotz dieser Entmutigung noch eine Weile weiter, aber die Freude daran haben Sie mit Sicherheit verloren. Und wenn die andere Person Ihnen noch ungeduldig über die Schulter schaut, werden Sie sich innerlich verkrampfen und sich vermutlich von der Lösung eher entfernen, als ihr näherzukommen.

Dieses kleine Beispiel verdeutlich etwas sehr Wichtiges für unser Erleben von Fehlern: Wenn wir Fehler selbst erkennen und dann daraus lernen, dann beflügelt uns das. Wir sind motiviert, weiterzumachen und weiterzulernen. Wenn wir aber auf Fehler aufmerksam gemacht werden, fühlen wir uns eher gehemmt, bloßgestellt, dumm ... Nicht anders geht es den Kindern. „Eine Erzieherin berichtet dazu folgendes: ‚Die vierjährige Francis sitzt vor ihrem Puzzle und hat schon lange geduldig gearbeitet. Jetzt wird sie ungeduldig, weil sie ein paar der letzten Puzzleteile nicht finden kann. Sie hat sich wohl schon sehr auf das komplette Bild gefreut. Schließlich weint Francis still vor sich hin. Am liebsten würde ich ihr helfen. Aber statt dessen stelle ich mich nur neben sie und lege ganz leicht meine Hand auf den kleinen Rücken. Francis schaut zu mir hoch und lehnt dann ihren Kopf an meinen Oberschenkel. Das dauert vielleicht zwei Minuten. Währenddessen bewege ich meine Hand leicht auf ihrem Rücken.

Danach geht die Suche nach den fehlenden Teilen ruhig weiter.'"²⁹

Natürlich hätte die Erzieherin Francis helfen können. Sie hätte ihr zeigen können, wo die Puzzleteile sind, die sie sucht, aber die Hilfe, die sie dem Kind statt dessen angeboten hat, ist viel, viel wertvoller. Sie hilft dem Kind durch ihre Zurückhaltung und die dahinterliegende Überzeugung: „Bleib ganz ruhig. Es ist nicht schlimm, daß du im Moment nicht weiterweißt", seine momentane Schwäche nicht so wichtig zu nehmen. Dadurch passiert genau das, was Rudolf Dreikurs sagt: „Wir lernen nur dann aus unseren Fehlern, wenn wir keine Angst haben, Fehler zu machen."³⁰ Und die Angst, Fehler zu machen, wird anerzogen. Kein Kind der Welt wird mit dieser Angst geboren. Ein einjähriges Kind, das laufen lernt, geniert sich nicht, wenn es fällt oder noch wackelig herumtapst, nur weil Milliarden Menschen bereits sicher und geschickt laufen können. – Einen Dreijährigen in der Bauecke kümmert es vielleicht noch kaum, wenn der Turm wieder umstürzt, weil er die Gesetze der Statik nicht ausreichend beachtet. Er wird weiterbauen. Aber der Erstkläßler Max (siehe S. 104) hat schon Angst zu versagen, ihm kommen schon Zweifel: ‚Was ist, wenn ich wieder steckenbleibe?' Und sogar die vierjährige Francis fühlt sich entmutigt, weil sie mit ihrem Puzzle nicht weiterkommt. Weil die Erzieherin sie

---

²⁹ Schoenaker, Theo/Seitzer, Julitta/Wichtmann, Gerda: „So macht mir mein Beruf wieder Spaß", München 1996, S. 149.
³⁰ Dreikurs – Worte, Sinnsprüche aus den Werken von Rudolf Dreikurs, Stuttgart 1995.

aber nicht auf ihr Unvermögen aufmerksam macht, sondern weiterhin Vertrauen in sie setzt, findet sie selbst wieder Vertrauen und kann dadurch mit Freude ihre Tätigkeit fortsetzen. Wenn man Kinder, und im Grunde auch Erwachsene, ungefragt auf ihre Fehler aufmerksam macht, bringt man ihnen bei, sich selbst zu mißtrauen. Sie lernen, daß es anscheinend immer einen „Klügeren", „Besseren", „Begabteren", „Älteren" usw. gibt, der ihnen voraus ist und sie dann immer wieder bei Fehlern und Schwächen „erwischen" kann. So verlieren wir an Selbstachtung und Selbstvertrauen. Wir verlieren unsere Unbefangenheit und damit ein großes Stück Lernfähigkeit, denn mit dem Verlust der Unbefangenheit schleichen sich Unsicherheit und Verkrampfung ein, und mit ihnen auch zunehmend mehr Fehler. Wenn man Ihnen nach einem Elternabend, bei dem Sie sich unsicher und angespannt gefühlt haben, sagt, daß Sie verkrampft gewirkt haben, wird Ihnen das in keiner Weise helfen, beim nächsten Mal lockerer zu sein. Aber viele Menschen, auch Pädagogen und Eltern, meinen, man müßte dem anderen seine Fehler sagen. Warum eigentlich? Wenn Sie wirklich angespannt und unsicher waren, dann wissen sie das doch selbst. Das muß man Ihnen nicht noch ausdrücklich sagen. Wenn Sie sich im Streit mit Ihrem Ehemann zu einer kränkenden Äußerung haben hinreißen lassen, dann wissen Sie selbst, daß das nicht gut war, auch ohne daß man Ihnen das noch ausdrücklich sagt. Ein Kind, das ein anderes schlägt, ihm etwas wegnimmt oder sich unfair verhält, weiß das auch. Das brauchen wir ihm nicht zu sagen. Kinder, die nicht aufräumen oder helfen wollen, wissen ganz genau, daß sie eigentlich aufräumen oder helfen sollten. Sie immer wieder dazu aufzufordern – die Erfahrung haben alle Erzieher und Eltern schon gemacht – nützt gar nichts. Es nützt so wenig, wie wenn man Ihnen nach jedem Elternabend wieder von neuem sagen würde, daß Sie aber heute wieder verkrampft und unsicher gewirkt haben. Hinter dem wiederholten Korrigieren und Kritisieren steckt ein großes Vorurteil über Kinder und Menschen im allgemeinen. Wir gehen nämlich davon aus, daß die Kinder bzw. die Menschen zu dumm sind, ihre Fehler selbst zu erkennen. Wir befürchten sogar, daß die Kinder es möglicherweise „nie kapieren", wenn wir es ihnen nicht sagen. Manche Eltern – vielleicht auch Erzieherinnen – quält sogar die Angst, ihre Kinder könnten in „falsche Bahnen" geraten, wenn sie ihnen nicht rechtzeitig ihre Fehler „austreiben". Das ist ein in seinen Auswirkungen weitreichendes Vorurteil, denn mit unserem Kritisieren, Korrigieren, Herummeckern, Schimpfen und Demütigen treiben wir den Kindern die Fehler leider nicht aus, sondern meistens erst richtig ein. Deshalb entwickelte Montessori in ihren Materialien eine eigene Fehlerkontrolle, die es den Kindern ermöglicht, ihre Fehler selbst und ohne fremde Hilfe zu erkennen. Wenn ein Kind etwas tut und dabei einen Fehler macht, hat Montessori es nicht korrigiert, sondern gefragt: „Darf ich es dir mal zeigen?" oder: „Darf ich es dir nochmal zeigen?" Antwortet das Kind mit Nein, dann kann man ganz sicher sein, daß es sich im Moment nicht weiter interessiert. Im anderen Fall aber können wir voraussetzen, daß das Kind für unser Angebot aufgeschlossen ist.

Ein Vater erzählt:

„Marco spielt mit Lego. Er macht seine ersten Versuche, ein Haus zu bauen. Er baut Stein auf Stein immer die gleiche Größe zu einer Art Säule übereinander, und die Wand ist völlig instabil. Ich hole mir eine Platte, baue die erste Reihe, und dann gehe ich zu ihm mit der Frage: ‚Darf ich dir mal zeigen, wie man das auch bauen kann?' Er schaut mich an und zögert, als wolle er fragen: ‚Was willst du von mir?' Er überlegt und schaut noch einmal kurz auf sein Bauwerk. Er hat keine Ahnung, was ich ihm zeigen will, aber irgendwie ist er mit seinem ‚Haus' auch nicht so richtig zufrieden, und deshalb nickt er bejahend."

Indem Marco seinem Vater zuschaut, hat er jetzt die Möglichkeit, seinen Fehler selbst zu erkennen. Sollte es ihm dennoch nicht auffallen, was er falsch gemacht hat, dann ist er nicht reif für diesen Lernschritt, und es ist besser, einen passenderen Zeitpunkt abzuwarten.

Es ist aber auch wichtig, die Fehler der Kinder nicht zu kaschieren. Wenn Marcos Haus immer mehr wackelt und schließlich sogar zusammenbricht, dann ist es gut, wenn er diese Erfahrung macht. Es kann sein, daß das dann der passende Zeitpunkt ist, es ihm noch einmal zu zeigen. Und wahrscheinlich weiß er dann besser, worauf er seine Beobachtung richten muß. Wenn ein Kind sich nicht warm genug anzieht und dann friert, so soll es das ruhig spüren. Wenn es bei einer Mahlzeit nicht essen will, dann muß es bis zur nächsten warten und in der Zwischenzeit den Hunger spüren. So lernen Kinder durch eigene Erfahrungen. Und sie erfahren dadurch auch, daß man sie ernst nimmt und die gegebenen Anweisungen und Regeln sinnvoll sind. Das kann das kindliche Vertrauen in unsere pädagogischen Bemühungen sehr stärken. Wenn Sie selbst ruhig bleiben und nicht verärgert reagieren, wird das Kind Ihre konsequente Haltung auch nicht als Strafe, sondern als logische Folge[31] seines Verhalten deuten. Das zeigt das folgende Beispiel.

„Mutter und Eduard, fünf Jahre alt, stiegen ins Auto, um Vater am Bahnhof abzuholen. Es war bitterkalt, aber Eduard kurbelte das Fenster herunter. Mutter sagte: ‚Wir fahren ab, wenn du das Fenster zugemacht hast.' Eduard wartete; Mutter rührte sich nicht. Eduard sagte: ‚Gut, ich mache das Fenster zu, wenn du abfährst.' Mutter wartete schweigend weiter; sie ließ sich auf keinen Streit ein. Schließlich kurbelte Eduard das Fenster wieder zu. Mutter ließ den Wagen an, lächelte Eduard zu und sagte: ‚Wie schön die Sonne scheint auf dem Schnee. Sieh mal, er funkelt wie Tausende von Diamanten.'"[32]

So können Kinder lernen. Wenn sie lediglich auf unseren Druck hin handeln, haben sie nicht wirklich etwas verstanden oder gelernt. Die gleiche Ruhe, wie diese Mutter sie zeigt, werden Sie leichter wahren oder finden können, wenn Sie daran denken, daß Sie selbst doch auch meistens Ihr Bestes geben und trotzdem manchmal einen Fehler machen. So geht es auch den Kindern.

---

[31] Vgl. Dreikurs, Rudolf/Grey, Loren: „Kinder lernen aus den Folgen", Freiburg 1991.
[32] Ebd.

Zusammenfassung

Kinder oder auch Erwachsene auf Fehler aufmerksam zu machen, wird leicht als Belehrungoder Besserwisserei gedeutet.

Denn wir gehen davon aus, daß
- das Kind zu dumm ist, den Fehler selbst zu erkennen.
- es das Kind möglicherweise „nie kapiert", wenn wir es ihm nicht sagen.
- es in „falsche Bahnen" kommt, wenn wir ihm seine Fehler nicht rechtzeitig „austreiben".

Deshalb entwickelte Montessori in ihren Materialien eine eigene Fehlerkontrolle und zeigt einen konstruktiven

Umgang mit Fehlern

Wenn ein Kind einen Fehler macht, setzen Sie voraus, daß
- es trotzdem sein Bestes gegeben hat.
- es den Fehler selbst erkennt, wenn es reif dafür ist.
- Ihnen jedes Kind anzeigt, wo es steht.
- Sie es aus dem Himmel der Unbefangenheit herausholen, weil es sich in Sicherheit wiegt und selbst glaubt, daß alles so in Ordnung ist.
- Kinder am ehesten lernen, wenn Sie
  ... die Fehler des Kindes nicht kaschieren,
  ... das Kind statt dessen die Konsequenzen und Folgen seines Fehlers erleben lassen,
  ... und nicht verärgert oder wütend reagieren.

... für die weitere Arbeit!

Überlegen Sie:

1. **Wie ist das eigentlich für mich, wenn ich einen Fehler mache?**
2. **Wie ist es, wenn andere mir diesen Fehler vorhalten?**
3. **Was mache ich eigentlich gut und richtig?**
   Schreiben Sie jetzt drei bis fünf Antworten dazu auf!
4. **Was habe ich im Laufe der Zeit schon besser gelernt?**
   Schreiben Sie jetzt drei bis fünf Antworten dazu auf!

Wie Montessori Kinder lehrt

Die besondere Art des kindlichen Lernens

„Lernen vollzieht sich im Spiel,
ohne Sorge um Erfolg und Mißerfolg,
Leistungsdruck und Widerstand.

Rudolf Dreikurs

„Kinder sind anders", so lautet der Titel eines der berühmtesten Bücher von Maria Montessori. Damit wollte sie nicht nur ausdrücken, daß Kinder anders sind als Erwachsene, sondern sie wollte damit vor allen Dingen sagen, daß Kinder anders sind, als wir Erwachsenen denken und gewohnt sind zu glauben. Ursprünglich trug das Buch nämlich den Titel „Das Geheimnis der Kindheit". Es geht um das Geheimnis, das jedes Kind in sich trägt und das es uns nur langsam durch seine Entwicklung und sein Wachsen und Werden enthüllt. Und es geht um seine geheimnisvolle kindliche Wesensart, die so anders ist als unsere und die uns deshalb auch oftmals völlig fremd ist. Dies zeigt sich ganz besonders in seiner Art zu lernen.

Wenn wir Erwachsenen etwas lernen wollen, dann setzen wir uns meistens bewußt ein Ziel und streben danach. In der Regel ist das mit einer Bemühung unseres Lernwillens und mit einem gewissem Maß an Ausdauer verbunden. Denken Sie nur daran, wie wir als erwachsener Mensch eine Fremdsprache erlernen. Für Kinder ist das Erlernen einer Fremdsprache hingegen überhaupt kein Problem. Besonders im Alter zwischen zwei und fünf Jahren lernen sie das geradezu spielerisch. Auch die Gesetze der Statik, der Erwerb der Grob- und Feinmotorik, sprachliches und mathematisches Grundwissen, die Entwicklung der wesentlichsten sozialen Handlungs- und Kommunikationsmuster, der Aufbau einer Identität, die Entfaltung der Kreativität und der Ästhetik, das Hineinwachsen in ehtische Maßstäbe und vieles anderes mehr scheinen ihm nur so „in den Schoß zu fallen". Für all das muß es sich in der Regel überhaupt nicht anstrengen. Es geschieht genau so, wie es Rudolf Dreikurs in seinem Eingangszitat zu diesem Kapitel ausdrückt, nämlich spielerisch und ohne Druck, einfach indem es am Leben teilnimmt bzw. teilhat.

Kinder haben ihre ganz eigene Art zu lernen. Sie sind auf Entwicklung angelegt, wie alles in der Natur. Aber im Gegensatz etwa zu den Tieren oder Pflanzen ist ihre Entwicklung nicht „vorprogrammiert" und durch Instinkte oder Triebe gesteuert, sondern die Kinder benötigen dazu einen anderen Antrieb. Das ist ihre Neugier, ihr Lernwille und ihre überaus große Lernfreude. Diese treiben das Kind voran und konfrontieren es mit immer neuen Lernsituationen, von denen es sich geradezu magnetisch angezogen fühlt. Es ist, als wolle das Kind nichts auslassen. Es könnte beispielsweise in aller Ruhe und entspannt auf dem Bürgersteig gehen, aber es balanciert auf dem Bordstein. Es könnte den Garten durch das vorgesehene Gartentor verlassen, aber es klettert über die Mauer. Es könnte sich das kleine Puzzle holen, aber es nimmt das große. Es bräuchte nicht immer wieder Fragen zu stellen, aber es will immer wieder etwas Neues wissen. Und dabei hat es eine unglaubliche Ausdauer. Meistens sind wir Erwachsenen eher ermüdet als das Kind. Stundenlang kann es im Sandkasten Sand von hier nach dort schaufeln oder mit den Autos im Zimmer herumfahren oder Geschichten lauschen, Selbstgespräche führen, mit den Legosteinen bauen u. v. a. m. Dabei ist das, was die Kinder tun, niemals irgendeine willkürliche Beschäftigung, auch wenn es vielfach den Anschein hat. Aber sie orientieren sich an der Erwachsenenwelt und wollen lernen, was darin erforderlich und deshalb wichtig ist. So lernen sie laufen, sprechen, lesen, schreiben, rechnen, mit Computern umzugehen, Geld zu verdienen und einen wichtigen Platz in der Gesellschaft einzunehmen. Das wollen Kinder, die in unserem Kulturkreis aufwachsen. Ein Kind hingegen, das im Amazonasbecken aufwächst, erkennt völlig andere Dinge als wichtig. Und es hat dabei auch vollkommen recht. Lesen und Schreiben zu lernen ist wahrscheinlich viel unwichtiger, als gut fischen zu können oder auf Bäume zu klettern und geschickt zu jagen. Kinder orientieren sich ganz an der Wirklichkeit ihrer Umgebung. Und dabei lassen sie sich durch Worte oder Belehrungen nicht beirren. Sie vertrauen ganz dem, was sie sehen und erleben. Vielleicht sagen die Eltern ihrem Kind, daß es nicht gut ist, andere Kinder zu verpetzen, aber wenn es Mutter öfter beobachten kann, wie sie mit Vater oder der Nachbarin über Frau Maier spricht, die neulich schon wieder nicht freundlich gegrüßt hat, dann wird das Kind sich daran orientieren und nicht an Mutters Worten. Und wenn Vater Ehrlichkeit predigt, aber dann und wann nicht ganz ehrlich ist, dann wird das Kind lernen, daß Ehrlichkeit nur dann gut ist, wenn sie einem z. B. einen Vorteil verschafft. Wenn dadurch, daß man die Wahrheit sagt, ein Nachteil entsteht, sind „Notlügen" erlaubt, wird dann die Überzeugung des Kindes. Das wenden Kinder, zum Entsetzen ihrer Eltern, gelegentlich auch gegenüber Vater und Mutter an und belügen sie, um Strafen oder anderen Nachteilen aus dem Wege zu gehen.

Kinder lernen, was sie durch ihre Vorbilder als sinnvoll und erstrebenswert erkannt haben. Die vielen Worte, die wir in der Erziehung machen, sind zum größten Teil sinnlos. Und wenn wir ehrlich wären, würden wir zugeben, daß wir dort die meisten Worte verlieren, wo wir selbst von unseren Idealen am weitesten entfernt sind. Es ist ja auch so viel schwieriger, durch Taten als durch Worte zu überzeugen.

Und noch etwas ist bemerkenswert: Kinder wissen um ihre Möglichkeiten und Fähigkeiten. Sie haben keine utopischen Ziele. Und wenn, dann geben sie sie ganz von selbst wieder auf. Wenn ein Kind den Wunsch äußert, Astronaut oder Märtyrer oder Papst zu werden, dann brauchen Sie ihm nicht zu sagen, daß das vielleicht ein zu hoch gestecktes und darum sehr schwer zu erreichendes Ziel ist. Das wird es mit der Zeit ganz von selbst erkennen und dann auch dieses Ziel aus den Augen verlieren. Denn Kinder sind fähig, wenn sie reif dafür sind, ihre Fehler und Fehleinschätzungen selbst zu erkennen. Oftmals irren wir Erwachsenen uns ja auch und schätzen Kinder völlig falsch ein.

Da ist beispielsweise ein kleiner Junge in den 30er Jahren dieses Jahrhunderts. Er möchte, wenn er erwachsen ist, Astronaut werden und auf den Mond fliegen, sagt er. Und das zu einer Zeit, als Flugzeuge noch zu den Seltenheiten gehörten. Ich weiß nicht, was seine Eltern gesagt haben, aber ich kann mir dazu einiges ausdenken. Vielleicht haben sie auch nur geschmunzelt und den kleinen „Visionär" einfach in seiner Naivität nicht ernst genommen. – Und was ist aus ihm geworden? Ein berühmter Weltraumforscher bei der NASA, Wernher von Braun, der viel dazu beigetragen hat, daß schließlich Menschen zum Mond fliegen konnten.

Da ist ein kleines Mädchen im Mittelalter, das den Wunsch äußert, Märtyrerin zu werden. Was weiß ein Kind schon davon, was es bedeutet, sein Leben für den Glauben zu geben? Vermutlich wird man es nicht ernst genommen haben. Vielleicht hat man versucht, es eines Besseren zu belehren, vielleicht hat man es aber auch einfach in seinem kindlich naiven Glauben gelassen. – Und was ist aus ihr geworden? Eine überzeugte Christin, die heilige Theresa von Avila, die ihr Leben für ihren Glauben an eine bessere Welt geopfert hat.

Da ist ein Junge, der gefragt wird, was er einmal werden möchte. „Papst", antwortet er ebenso spontan wie selbstverständlich. Man läßt ihn deutlich spüren, wie unbescheiden und unrealistisch dieses Ziel ist, und er schämt sich. Wahrscheinlich wird er es nie mehr ausgesprochen haben, vielleicht nicht einmal mehr daran gedacht haben. Nein, Papst ist er nicht geworden, aber ein wichtiger Vertreter einer hohen Position innerhalb der Kirche.

Jedes Kind weiß um seine Möglichkeiten, wenn es nicht entmutigt und herabgesetzt wird. Aus dieser „inneren Weisheit" erwächst eine besondere Art des kindlichen Lernens: Kinder lernen durch Erfahrung und orientieren sich dadurch an der Wirklichkeit. Aus diesen Erkenntnissen entwickelte Montessori ihre besonderen Methoden, Kinder zu lehren.

Zusammenfassung

Die besondere Art kindlichen Lernens

- Kinder sind auf Entwicklung angelegt und angewiesen; deshalb stecken in ihnen ein großer Lernwille und eine große Lernfreude.
- Sie haben eine ausgeprägte Fähigkeit zur Ausdauer und Hingabe an eine Aufgabe.
- Sie orientieren sich an der Erwachsenenwelt und wollen lernen, was darin erforderlich ist.
- Sie lassen sich durch Worte und Belehrungen nicht beirren, sondern orientieren sich an dem, was sie sehen und erleben.
- Sie lernen folglich nur, was sie durch ihre Vorbilder als sinnvoll und erstrebenswert erkannt haben.
- Sie wissen um ihre eigenen Möglichkeiten und Fähigkeiten, setzen diese ein und wollen werden, was sie sind.

Aus dieser „inneren Weisheit" eines jeden Kindes erwächst eine ganz besondere Art des Lernens:

<u>Kinder lernen durch Erfahrung.</u>
<u>Sie orientieren sich an der Wirklichkeit.</u>

„Darf ich dir das mal zeigen?"

Insbesondere Kinder im Vorschulalter lernen noch relativ wenig über den Verstand. Sie lernen mit den Sinnen, durch das, was sie sehen, hören, fühlen, riechen, schmecken – eben durch Erfahrung. Das scheint den meisten Erwachsenen zumindest verstandesmäßig klar zu sein. Und doch ist es so, daß wir den Kindern dauernd etwas erklären wollen. „Hör mal zu, wenn du den Löffel so hältst, dann fällt das Essen wieder herunter." – „Du mußt die Schere richtig halten, dann kannst du besser schneiden." – „Sprich deutlich, sonst verstehe ich dich nicht." – „Frag doch auch erst, wenn du mitmachen willst." – „Du mußt die Puzzleteile erst sortieren, dann geht's viel leichter."

Erinnern Sie sich an das Beispiel im Kapitel über Regeln, wie wenig es nützt, schnelle verbale Erklärungen zu geben (siehe S. 65 ff.)? Wenn der Computerfachmann uns im Nu die Bedienung erklärt, verstehen sogar wir verstandesmäßig orientierten Erwachsenen recht wenig. *Zeigt* er uns aber die erforderlichen Handgriffe, dann können wir das viel besser aufnehmen. So hat auch Jonas, Sie wissen schon, der Junge mit seinem großen Papier am Maltisch (siehe S. 75 f.) viel mehr durch unsere Demonstration verstanden, als wir ihm je mit Worten hätten erklären können. Es ist sogar oft so, daß beim Erlernen von Handlungen oder Tätigkeiten die Worte eher unwichtig oder gar störend sind. Wenn man Ihnen beispielsweise die Regeln eines neuen Spiels beibringen will oder die Schritte eines Tanzes, dann nehmen Sie das relativ schnell und mühelos auf, wenn man Ihnen *zeigt*, wie das geht. Die Erklärungen, das begleitende Sprechen ist nicht nur überflüssig, sondern stört auch Ihre Konzentration auf das Beobachtbare. Das ist auch gut so, denn wir wollen ja nicht lernen, eine Regel bzw. einen Tanz zu erklären, sondern wir wollen die praktische Umsetzung lernen. Und so geht es den Kindern auch. Es interessiert sie nicht, wie man etwas sagt, sondern wie man es tut. Das ist ihnen wichtig.

Handlungsmöglichkeiten eröffnen Übungsmöglichkeiten, denn diese kann man wiederholen. Und Kinder sind auf solche Wiederholungen angewiesen, weil sie ja durch *Tun* lernen. Wiederholtes Sprechen führt dazu, daß wir etwas auswendig lernen, während wiederholtes Tun, die wiederkehrende Erfahrung bewirkt, daß wir es „innwendig" erfassen. Deshalb ist es meist vergeudete Zeit, wenn wir Kinder mit Worten belehren. Die angemessene Art, Kinder zu lehren und die damit verbundene Frage ist: „Darf ich dir das mal zeigen?" Das ist sozusagen *die* typische Frage in der Montessori-Pädagogik.

Natürlich hätte der Vater dem Jungen, der mit den Legosteinen die wackelige Wand baut, auch einen „Vortrag" halten können über den richtigen Verbund von Mauern und daß, so wie er baut, die Wand gar nicht halten kann. Aber er fragt: „Darf ich dir mal zeigen, wie man das auch bauen kann?" (siehe S. 118) Wenn sie es ihm dann langsam, ruhig und deutlich vormacht, ohne ihn dabei noch gleichzeitig mit „schlauen" Erklärungen zu überfrachten, wird er in seiner Art ganz intuitiv aufnehmen, worum es hier geht. Und wenn er dann beginnt, selbst zu bauen und mit dieser Art des Bauens Erfahrungen zu machen, wird sich sein Erfahrungswissen Schritt für Schritt erweitern. Und irgendwann später, wenn er abstrakt denken und formulieren kann, wird er ganz von selbst ausdrücken, was er schon lange zuvor verstanden hatte.

Ja, viele Dinge, die wir *hundertmal* sagen „müssen", könnten Kinder gleich verstehen, wenn wir sie ihnen *einmal zeigen* würden. Sie sparen sich sehr viel Zeit, wenn Sie den Kindern gewisse Regeln oder Verhaltensweisen einmal richtig und in aller Ruhe zeigen, anstatt sie täglich wieder von neuem zu korrigieren. Das tut weder Ihnen noch den Kindern gut.

Montessori nannte dieses methodische Vorgehen, dem Kind eine *Ersteinführung* zu geben. Wenn sie ein Kind mit einem Material oder einer Aufgabe beschäftigt sah und dabei den Eindruck hatte, es könne Hilfe gebrauchen, stellte sie die Frage „Darf ich dir das mal zeigen?" Wenn sich das Kind dann tatsächlich interessiert, kann man ihm deutlich und sehr langsam zeigen, was es lernen soll. Wichtig ist aber, auch mit dieser Frage zurückhaltend umzugehen und das Kind nicht schon beim ersten Versuch zu unterbrechen. Oft finden Kinder die Lösung selbst, und ebenso oft kommen sie selbst mit der berühmten Bitte: „Hilf mir, es selbst zu tun!", auch wenn sie dies nicht mit genau diesen Worten ausdrükken.

Schade, daß ich Ihnen, liebe Erzieherinnen, liebe Eltern, in diesem Moment nicht *zeigen* kann, wie so eine Ersteinführung aussieht. Das wäre auch für Sie bestimmt viel lehrreicher und interessanter als die „toten" Worte hier auf dem Papier. Aber für den Fall, daß es Sie trotzdem interessiert, wie man leichter zeigen als erklären kann, gebe ich Ihnen einige Regeln für solch eine Ersteinführung. Vielleicht haben Sie ja einmal in einem Seminar über Montessori-Pädagogik die Gelegenheit, diese Art des Lernens selbst zu erleben. Das wünsche ich Ihnen!

Wie Sie Kindern etwas Neues zeigen können

Generell hat es nur Sinn, Kindern etwas zu zeigen, wofür sie sich interessieren.

1. **Tun Sie alles langsam und in Ruhe.**
   Das Kind ist auf Sie konzentriert und orientiert sich jetzt ganz und gar an Ihnen.
2. **Schaffen Sie Raum für sich und das Kind.**
   Beengte Verhältnisse hindern oder lenken ab.
3. **Räumen Sie alle Materialien weg, die Sie nicht brauchen.**
4. **Holen Sie mit dem Kind zusammen das Material oder bitten Sie das Kind, es zu holen, wenn es das kann.**
5. **Lassen Sie das Kind neben sich Platz nehmen –**
   an Ihrer linken Seite, wenn Sie Rechtshänder sind, und rechts von Ihnen, wenn Sie Linkshänder sind.
6. **Breiten Sie das Material übersichtlich** (geordnet) **aus.**
   Lassen Sie das Kind nur dann helfen, wenn Sie sicher sind, daß es das Material bzw. seine Ordnung kennt. Ansonsten machen Sie es ihm zunächst einmal vor.
7. **Fragen Sie nun das Kind, ob Sie ihm den Umgang mit dem Material zeigen dürfen.**
   Wenn es verneint, gehen Sie sofort verständnisvoll darauf ein und beenden die Ersteinführung. Ansonsten ...
8. **Konzentrieren Sie sich nun ganz auf das Material,**
   („Augen beim Material!") dann tut es auch das Kind.
9. **Überlassen Sie dem Kind die Aufgabe,**
   sobald es Ihnen signalisiert, daß es selbst tätig werden will. Andernfalls:

10. Wenn es bis zum Schluß Ihrer Darbietung zugeschaut hat:
Fragen Sie das Kind, ob es das auch einmal probieren will,
Wenn das Kind verneint:
Gehen Sie verständnisvoll auf ein Nein des Kindes ein.
Räumen Sie mit ihm zusammen das Material wieder weg.
Wenn das Kind zustimmt.:
11. Schauen Sie dem Kind ruhig und interessiert zu, ohne sich einzumischen, zu kommentieren oder zu bestätigen.
Nur so kann sich das Kind ganz auf die Aufgabe konzentrieren.
12. Bestätigen Sie die Freude des Kindes, wenn es fertig ist lediglich durch Ihre anteilnehmende Begeisterung. Das Kind braucht kein „Riesenlob", sein gutes Gefühl sagt ihm schon, daß es mit sich zufrieden sein kann.
Wenn das Kind der Aufgabe nicht richtig folgt:
13. Wenn Sie merken, daß das Kind noch nicht richtig verstanden hat,
fragen Sie es erneut, ob Sie ihm noch einmal etwas zeigen dürfen.
14. Wenn Sie wieder feststellen, daß es der Aufgabe so nicht folgen kann, **lassen Sie das Kind in seiner Weise weiter hantieren,**
(sofern es das Material nicht mißbraucht).
Dann ist es dafür noch nicht aufnahmebereit oder -fähig.

Auf diese Weise können Sie den Kindern nicht nur den richtigen Umgang mit Material zeigen, sondern ihnen auch alltägliche Tätigkeiten oder Regeln beibringen. Ob Sie dem Kind vermitteln wollen, wie man sich richtig Tee einschenkt, den Tisch deckt, die Schuhe bindet, das Regal aufräumt, die Räder am Legoauto befestigt, erfolgreich Memory spielt, mit dem Zuordnungsspiel umgeht, soziale Regeln angemessen umsetzt oder was auch immer; Sie können es mit einer Ersteinführung tun.

Da alle Kinder gerne aktiv sind, reizt Ihre Aktivität beim Vormachen die Kinder sehr stark zum Nachahmen. Probieren Sie es aus – Sie werden sich wundern, wie aufmerksam die Kinder bei der Sache sind. Aber wahrscheinlich haben Sie damit längst Ihre Erfahrungen gesammelt. Stimmt's?

Eine Erzieherin erzählt:

„Den Kindern etwas durch Zeigen zu verdeutlichen, damit habe ich früher tatsächlich schon vielerlei Erfahrungen gemacht, z. B. bei Bastelarbeiten, aber es war mir nie so richtig bewußt, was dabei in den Kindern vorgeht. Ich glaube, daß ich deshalb vieles zu schnell und zu oberflächlich vorgemacht habe. Es sozusagen wie im Zeitlupentempo zu tun, damit jede Handlung deutlich wird, fällt mir immer noch relativ schwer. Am schwierigsten aber ist es für mich, den Mund zu halten. Ich meine immer noch, ich müßte jede Tätigkeit mit Reden begleiten, sonst komme ich mir irgendwie fremd und unsicher vor."

Zusammenfassung

<u>Kinder lernen durch Erfahrung!</u>

- Kinder orientieren sich an dem, was man ihnen vorlebt bzw. vorzeigt.
- Sie haben eine ungewöhnlich hohe Merkfähigkeit für das, was sie durch ihre Sinne aufnehmen.
  Das hängt damit zusammen, daß sie weniger über den Kopf, also rein rational, lernen, sondern mehr intuitiv über ihre Sinne aufnehmen und speichern.
- Sie konzentrieren sich auf eine einzige Wahrnehmung.
- Beim Erlernen von Handlungen oder Tätigkeiten sind Worte für sie oft unwichtig oder gar irritierend.
- Sie sind auf Wiederholungen angewiesen, da sie durch Tun lernen. Sie brauchen Übungsmöglichkeiten und wollen üben.
- Sie wollen wissen, wie sie mit bestimmten Materialien umgehen können und sollten, damit sie dann selbständig weiterarbeiten können.
  Das macht sie von den Eltern oder der Erzieherin unabhängig. Die Kinder müssen sie nicht dauernd wieder fragen. Sie lernen, ihren eigenen Weg zu finden und die Verantwortung für sich selbst zu übernehmen. Sie werden unabhängiger von der Beurteilung von „außen".

<u>Deshalb hilft es auch Ihnen, wenn Sie im richtigen Moment an der richtigen Stelle Zeit investieren.</u>

Fragen, die offen geblieben sind

**Was tun, wenn es nicht so läuft,
wie Sie es gerne hätten?**

Viele Erzieherinnen und Eltern vor Ihnen sind in Seminaren mit mir den zuvor beschriebenen praktischen Weg gegangen, und sie haben für sich selbst und die Arbeit mit den Kindern viel profitiert. (siehe Seminarergebnisse S. 44f.) Wenn Sie mit mir bis hierher gegangen sind und vieles oder mindestens manches in die Praxis umgesetzt haben, werden auch Sie erfreuliche Ergebnisse erzielt haben. Dazu gratuliere ich Ihnen! Aber, und dessen bin ich mir ganz sicher, so manches Ziel, das Sie sich gesetzt hatten, haben Sie nicht erreicht. Sie haben bestimmte Empfehlungen umgesetzt, und doch hat es nicht so „funktioniert", wie Sie es sich vorgestellt hatten.

Viele Probleme, die im Alltag auftreten, werden über diesen Weg gelöst. Aber eben nur viele, leider nicht alle. Beileibe nicht alle Schwierigkeiten, die im Erziehungsalltag auftauchen, lassen sich durch ein Mehr an Ordnung lösen. Sicher, wenn diese Ordnung fehlt, dann erhöhen sich die Probleme, aber es sind außerdem noch ganz andere pädagogische Maßnahmen erforderlich. Und darauf möchte ich in diesem Kapitel nur hinweisen, denn mehr ist an dieser Stelle nicht möglich.

Doch zuvor möchte ich noch eine wichtige Erkenntnis mit Ihnen teilen. In meiner eigenen Ausbildung zur Erzieherin hat man mich glauben gemacht, daß sich jedes pädagogische Problem lösen ließe, wenn man nur die richtige Vorgehensweise anwenden würde. So kam es, daß ich mich gut vorbereitete und mit Freude, Begeisterung und Fachwissen an meine Arbeit ging. Aber schon bald stellte ich fest, daß ich damit längst nicht alle Situationen und alle Kinder in meinen „pädagogischen Griff" bekam. Manche Kinder wollten einfach nicht so wie ich. Es gab kleinere und auch große Widersetzlichkeiten. Zweifel schlichen sich ein an meiner Fachkompetenz, meinem Engagement, meinem Einfühlungsvermögen. Vielleicht kennen Sie das auch!? – Später, während meiner Tätigkeit als Dozentin, gab ich selbst die Überzeugung an „meine" Schülerinnen weiter, daß alles irgendwie machbar sei, und entmutigte sie damit nicht wenig. Doch nach und nach wurde mir klar, wie unglaublich hochmütig der pädagogische Glaube ist, durch gekonnte Erziehungsmaßnahmen könnten wir jedes Kind so formen, wie wir es gerne hätten. Nein, so ist es nicht! Das habe ich inzwischen begriffen, auch durch den Austausch mit vielen anderen Erzieherinnen. Es ist nicht immer einfach zu akzeptieren, daß wir das eine oder andere Kind, das uns den Alltag so schwer macht, nicht wirklich ändern können, sondern so akzeptieren müssen, wie es ist. Aber letztlich ist das wahrscheinlich weniger frustrierend und entmutigend als der Glaube, als Eltern oder Erzieherin unfähig zu sein, weil wir nicht jedes Kind und jede Situation so lenken können, wie wir oder andere es von uns erwarten. Die Quintessenz aus dieser Erkenntnis ist: Wenn nicht alles so funktioniert, wie Sie es gerne hätten, dann muß das weder an Ihnen als Mensch noch an Ihrem pädagogischen und methodischen Geschick liegen.

Sie nehmen eine gesunde Haltung ein, wenn Sie sich bewußt sind, daß der Einfluß durch Ihre Erziehung durchaus von Bedeutung ist. Aber Sie sollten sich ebenso darüber im klaren sein, daß Ihre Erziehung nicht der einzige Einflußfaktor ist, der ein Kind prägt. Das Kind selbst, mit seiner eigenen Kreativität, seiner ganz persönlichen Sicht auf die Belange des Lebens und seiner ihm eigenen Art, seine Erfahrungen zu deuten, spricht ein ganz bedeutendes Wort bei seiner Erziehung mit. Hierüber mehr zu wissen, damit man gerade das auffällige Verhalten von Kindern besser verstehen und ihnen helfen kann, ist von größter Bedeutung. Dann aber entfernen wir uns von der „reinen" Erziehungslehre und bewegen uns in den Bereich der pädagogischen Psychologie. Auf unserer Suche nach brauchbaren Antworten kommen wir unweigerlich bei Alfred Adler und seinem Schüler Rudolf Dreikurs an.

Alfred Adler wurde im gleichen Jahr geboren wie Maria Montessori. Sie sind also Zeitgenossen und unterlagen damit dem gleichen Zeitgeist. So ist es nicht verwunderlich, daß ihre Auffassungen über Kinder, Menschen im allgemeinen und die Welt in mehrfacher Hinsicht große Ähnlichkeiten aufweisen. Fast könnte man sagen, daß sich ihre Ideen optimal zu einem Ganzen ergänzen. Fragen, die die Montessori-Pädagogik offenläßt, findet man zum Teil bei Alfred Adler und Rudolf Dreikurs beantwortet. Andererseits hat Montessori vor allem ein unglaubliches Methodenrepertoire entwickelt, ohne das dem Alltag in Kindertagesstätten und

Schulen kaum Inhalt und Richtung gegeben werden kann. Das hat dieses Buch hoffentlich deutlich werden lassen.

Um Ihnen zu verdeutlichen, wie hilfreich die Ansätze der Individualpsychologie nach Adler und Dreikurs sind, werde ich im Folgenden aus dem berühmtesten Buch von Dreikurs „Kinder fordern uns heraus" zitieren.

„Die Schwierigkeiten, die uns Kinder machen, werden immer häufiger und größer. (...) Eltern werden mehr und mehr verwirrt und verzweifelt. Sie hoffen, glückliche Kinder zu erziehen. (...) Statt dessen sehen sie unzufriedene, gelangweilte, unglückliche, anmaßende und trotzige Kinder. (...) Hinter all diesen Schwierigkeiten liegt die Tatsache, daß *wir nicht wissen, was wir mit unseren Kindern tun sollen*, weil die traditionellen Erziehungsmethoden nicht mehr wirksam sind und wir keine neuen Methoden kennen, die an ihre Stelle treten können. (...) Es ist hauptsächlich der Einfluß der Demokratie, der unsere soziale Atmosphäre verändert und die traditionellen Erziehungsmethoden unwirksam gemacht hat. (...) Kinder sind für das soziale Klima besonders empfindlich. Rasch, wenn auch meist unbewußt, machen sie sich die Vorstellung gleicher Rechte für jedermann zu eigen. (...) Unsere Kinder sind an dem Punkt angelangt, wo sie sich gegen Beschränkungen auflehnen, weil sie das Recht, zu tun, was sie wollen, als erwiesen betrachten. Dies ist jedoch keine Freiheit, sondern Zügellosigkeit. (...) Niemand kann sich der Freiheit erfreuen, wenn der Nachbar sie nicht auch genießt. (...) Der Begriff der Freiheit schließt auch Verantwortlichkeit ein. (...) Die gar nicht so seltene Methode, Kindern uneingeschränkte Freiheit zu lassen, hat aus Kindern Tyrannen und aus Eltern Sklaven gemacht. (...) Als Folge bleibt die innewohnende Fähigkeit zum Gemeinschaftsgefühl, zum Interesse am Mitmenschen, unentwickelt und verkümmert. Daraus entsteht ein Gefühl der Verwirrung sowie zunehmende Ungezogenheit der Kinder. Ausgewogene Beschränkungen vermitteln ein Gefühl der Sicherheit und des Wissens um die eigene Funktion innerhalb der sozialen Struktur. (...) Um unseren Kindern zu helfen, müssen wir uns von der veralteten autokratischen Methode, Unterwerfung zu verlangen, abwenden und uns einer neuen Ordnung zuwenden, die auf den Grundsätzen der Freiheit und Verantwortlichkeit gegründet ist."[33]

Die autokratische Erziehung ist ebenso falsch wie die verwöhnende. Das richtige Mittelmaß hat Dreikurs in neuen Prinzipien der Erziehung zusammengefaßt und recht genau ausgearbeitet. Vor allem das Weglassen der „alten" Methoden drückt sich in einer aufbauenden und ermutigenden Haltung dem Kind gegenüber aus. Und ermutigend ist, was dem Kind Mut macht, was seine Selbstachtung und die Achtung gegenüber anderen fördert und dem Kind das Gefühl vermittelt, in der Gemeinschaft, in der es lebt, willkommen zu sein. Ein ermutigtes Kind orientiert sich deshalb nicht nur an den eigenen Interessen, sondern auch an den Belangen des Lebens und der Gemeinschaft. Es hat es nicht nötig, sich

---

[33] Dreikurs, Rudolf/Stolz, Vicky: „Kinder fordern uns heraus", Stuttgart [23]1991, Vorwort und 1. Kapitel.

durch Kampf, Stören, Auffallen um jeden Preis u. ä. m. einen Platz und Anerkennung zu erobern. Es ist sich seiner Fähigkeiten und seines Wertes bewußt, es arbeitet mit und ist unabhängig von ständiger Anerkennung von außen. Kurz: Es ist sich seiner selbst sicher. Diese Sicherheit wird jedem Menschen, nicht nur Kindern, durch Signale der Entmutigung geraubt. Deshalb nimmt vor allem die Ermutigung in der individualpsychologischen Pädagogik eine zentrale Stelle ein. Zwar hielt auch Montessori die Ermutigung für den „Hebel der Seele" und fordete deshalb von dem „neuen Erzieher", daß er ermutigend sei. Wie man jedoch dieser ermutigende Erzieher wird, dazu konnte sie eigentlich nichts sagen. Tatsache ist jedoch, daß es das eine ist, solch eine Forderung zu stellen, und etwas ganz anderes, ihr im Alltag mit seinen vielfältigen Herausforderungen auch entsprechen zu können. Alle Erzieher und Eltern wären gerne die besten Pädagogen der Welt, davon bin ich fest überzeugt. Daß wir diesem Ideal oft nicht entsprechen, hängt weniger mit unserem guten Willen zusammen. „Hinter (...) diesen Schwierigkeiten liegt die Tatsache, daß *wir nicht wissen, was wir mit unseren Kindern tun sollen.*"[34] Was wir aber in Zukunft tun könnten, dazu zeigen uns die Individualpsychologie und die Montessori-Pädagogik neue Wege. Und inzwischen gibt es auch Weiterbildungsmöglichkeiten, die uns helfen zu erkennen, wie wir selbst mit unserer eigenen Entwicklung weiterkommen können, denn um Kinder zu überzeugen und ihnen dadurch Halt und Richtung zu geben, reichen feste Rezepte und simple Methoden auf Dauer nicht aus.

---

[34] Ebd., S. 12.

Die werden bald von den Kindern durchschaut. Es geht darum, selbst weiterzukommen auf dem Weg des gleichwertigen Umgangs unter allen Menschen. Und dazu brauchen auch wir Erwachsenen Ermutigung. Der Arbeitsalltag, die momentane Erziehungssituation, der Umgang mit anderen spiegelt oft alles andere als die Gleichwertigkeit aller Menschen wider. Theo Schoenaker, ein Schüler von Rudolf Dreikurs, hat Konzepte entwickelt, die auch Erwachsenen helfen, sich ihrer selbst sicher zu fühlen und mutig neue Wege des Miteinanders zu gehen.[35]

Wie wichtig ist das Montessori-Material?

Neben den verblüffend effektiven Methoden Maria Montessoris, von denen Sie die wesentlichsten ja jetzt selbst kennengelernt haben, gehört das Montessori-Material zu ihren großen Errungenschaften. Kurz nach der Jahrhundertwende hatte sie begonnen, es zu entwerfen und anfertigen zu lassen. Etwa um dieselbe Zeit beschäftigte sich auch Käthe Kruse erstmals mit der Herstellung von Spielpuppen für ihre Kinder, weil der Vater keine kaufen wollte. Er soll gesagt haben: „Nein, ich kaufe euch keine Puppen. Ich finde sie scheußlich. Wie kann man mit einem harten, kalten und steifen Ding mütterliche Gefühle wecken? Macht euch selber welche!"[36] Ja, das Kinderspielzeug der damaligen Zeit war alles andere als kindgemäß. Und Kindermöbel, wie sie

---

[35] Vgl. Schoenaker, Theo: „Mut tut gut", Stuttgart ⁶1996.
[36] Kornatzki, Peter von/Toepfer, Lutz: „Bad Kösen", Heidelberg 1993.

heute üblich sind, gab es nicht. Die Umgebung für Kinder vorzubereiten bedeutete deshalb auch für Montessori, die Einrichtungsgegenstände auf die Größe der Kinder und kindliche Bedürfnisse und Fähigkeiten abzustimmen. Das waren damals große Neuerungen, von denen wir heute kaum noch wissen, daß sie auf Montessori zurückgehen. Das gleiche gilt auch für die Freispielzeit, die von ihr eingeführt wurde. Inzwischen hat es große Annäherungen zwischen Regelkindergärten und Montessori-Kinderhäusern gegeben, so daß die Unterschiede zwischen ihnen längst nicht mehr so gravierend sind. So sind auch in Regelkindergärten die Räume im Groben vorbereitet, das Material liegt zur freien Wahl aus, und das Materialangebot ist inzwischen größtenteils kindgemäß. Das würde Montessori sicher auch so sehen. Deshalb läßt sich heute vieles von ihrer Pädagogik ohne das entsprechende Material umsetzen. Diese Erfahrung haben Sie inzwischen durch die Umsetzung des einen oder anderen Prinzips sicher selbst auch schon gemacht. Wenn das nicht so wäre, hätte dieses Buch überhaupt keinen Sinn, denn in den meisten Fällen verfügen Regelkindergärten nicht über das Montessori-Material. Und es ist inzwischen auch in Montessori-Einrichtungen anderes Material vorhanden, das den Qualitätsansprüchen dieser Pädagogik genügt.

In Kindertagesstätten kann man ohne das Montessori-Material durchaus nach den Prinzipien ihrer Pädagogik arbeiten. Das Vorhandensein von Montessori-Material allein ist noch keine unbedingte Garantie für gute pädagogische Arbeit. Das Wesentlichste ist die Haltung der Erzieherin. Manch eine vermag unter ungünstigen materiellen Bedingungen bessere Arbeit zu leisten als andere, die im Überfluß schwelgen. Allerdings, das muß ich zugeben, helfen günstige äußere Einflüsse, wie die vorbereitete Umgebung und hochwertiges Material, vielen Erzieherinnen und ebenso den Eltern, *die* Haltung einzunehmen und damit *das* Verhalten zu zeigen, das für die Entwicklung der Kinder gut ist. Insofern läßt es sich mit Montessori-Material leichter arbeiten. Und wenn man sich erst einmal damit angefreundet hat, mag man auch nicht mehr darauf verzichten. Das ist meine ganz persönliche Erfahrung. Anderen Erzieherinnen aber, die andere Wege und Materialien schätzen und lieben gelernt haben, wird es ähnlich gehen. *Es gibt eben nicht nur einen guten pädagogischen Weg, sondern mehrere.*

In der Familie sieht das etwas anders aus. Die Materialien wurden von Maria Montessori ganz speziell für den Kindertagesstätten- und Schulbereich entwickelt und hergestellt. Deshalb halte ich es auch nicht für ratsam, es für einzelne Kinder in der Familie anzuschaffen. Es wirkt zwar auch hier bereichernd, aber erstens erfordert der Umgang damit spezielle Kenntnisse, die von den Eltern zu vermitteln wären, und darüber hinaus erscheint es mir für den Gebrauch von nur einem oder zwei Kindern zu teuer, weil das einzelne Kind zu schnell aus den Materialien herauswächst und sie dadurch nicht genug genutzt werden können. Das ist meine ganz persönliche Meinung. Andere würden dies vielleicht ganz anders sehen.

Meine „Bekanntschaft" mit Maria Montessori oder: Wer war Maria Montessori?

Oktober 1972

Sehr geehrte Frau Montessori!

Heute in der Fachschule hörte ich zum ersten Mal von Ihnen. Die Dozentin zeigte uns Ihre Farbtäfelchen und erzählte von Ihren Lehren. Die Farbtäfelchen fand ich ja ganz nett, aber alles andere erschien mir doch einigermaßen überholt. Wir haben schließlich jetzt 1972! Aber es war mal ganz interessant zu hören, womit man damals Kinder offensichtlich noch begeistern konnte. Sie haben sich ja wirklich viel einfallen lassen. Alle Achtung!

Ihre Erzieherin in Ausbildung
Gerda W.

Oktober 1983

Liebe Frau Montessori!

Nun bin ich selbst Dozentin an einer Fachschule und sollte eigentlich mehr von Ihnen wissen; man fragt mich schließlich gelegentlich nach Ihnen. Aber was ich von Ihnen kenne, ist eigentlich nicht viel mehr als Ihren berühmten Namen und einzelne Materialien. Meine Schulleiterin meint, ich sollte einen Montessori-Diplomkurs belegen, das sei gut für unsere Schule. Ihre Ideen scheinen wieder modern zu werden. Also gut, ich lasse mich mal von Ihnen überraschen.

Ihre Fachschuldozentin
G. Wichtmann

November 1995

Verehrte Signora Montessori!

Jetzt muß ich Ihnen unbedingt wieder schreiben. Mehr als zehn Jahre sind vergangen. Und es ist alles ganz anders gekommen. Das müssen Sie erfahren.

In dem besagten Kurs durfte ich ein Kind „spielen" und selbst erleben, wie Kinder in Deiner Schule lesen lernen. (Ich sage mal Du. Das paßt jetzt besser, denn Du bist mir inzwischen doch sehr vertraut geworden.) Schon bald spielte ich nicht mehr, sondern fuhr mit Hingabe und den Rest der KursteilnehmerInnen um mich herum vergessend, „Deine" Sandpapierbuchstaben mit den Fingern ab, nannte ihren Namen und legte sie auf den Boden. Die „Lehrerin" sah mir wohlwollend zu, und ich spürte, wie ernst sie mich nahm, wie sie mich in aller Ruhe und vertrauensvoll machen ließ und mir half, sobald ich nicht weiter wußte. Sie lächelte mir zu, als ich prüfend zu ihr hinschaute. Ja, ich glaube, ich hatte vergessen, daß ich erwachsen war.

Dann: ein weiter Weg vom Kursort nach Hause – viel Zeit, um nachzudenken. Du und Deine Idee, Kinder zu lehren, mit ihnen umzugehen, ließen mir keine Ruhe. Neben der Begeisterung spürte ich auch ein wenig Wehmut in mir. Mir wurde auf einmal bewußt, was ich als Kind in all den Schuljahren vermißt hatte und wonach ich mich doch immer gesehnt hatte: zu spüren, daß man sich mit mir an meinen Lernversuchen freut, mir signalisiert, daß ich es schon lernen werde, daß ich es wert bin, daß man sich etwas Zeit für mich nimmt und daß Fehler etwas ganz Selbstverständliches sind, wenn man lernt. Wieviel weniger Angst und wieviel mehr Freude hätte ich erleben können, wenn ich das Glück gehabt hätte, Deine Pädagogik schon als Kind, vielleicht schon in den ersten Jahren meines Lebens, erleben zu dürfen. Aber jetzt bin ich erwachsen und stehe selbst in einem pädagogischen Beruf. Ich vertiefe mich in Deine pädagogischen Gedanken und Deine Methoden und profitiere unglaublich viel. Dir habe ich es zu verdanken, daß mein pädagogisches Denken und Handeln eine klare Richtung bekommen hat. Ich brauche nicht mehr jedem modernen Trend hinterherzurennen, sondern Du lehrst mich, was wirklich brauchbar ist. Ich werde gelassener, lerne, mich selbst mehr zurückzunehmen und zu vertrauen. Dein unerschütterlicher Glaube an das Gute in jedem Menschen, ja sogar daran, daß jedes Kind, jeder Mensch vom Wesen her gut ist, beeindruckt mich und steckt mich an. Oftmals bestätigt er sich; manchmal werde ich aber auch bitter enttäuscht. Das tut weh, aber ich lerne, Fehler in einem ganz anderen Licht zu sehen. Dir verdanke ich, daß ich selbst wieder mit Freude und Begeisterung lerne und arbeite.

Manchmal hast Du mir das Leben aber auch schwer gemacht. Je mehr ich von Dir erzählte, je intensiver ich in der Schule Deine Pädagogik lehrte, desto mehr wurde mein eigenes pädagogisches Verhalten an dem gemessen, was ich mit solcher Begeisterung vertrat. Man verlangte gewissermaßen von mir, daß ich Deine Haltung einnahm und lebendes Beispiel war. Deine Theorien, so merkte ich, muß ich leben – sie sind nicht dazu geeignet, zur rührseligen Pädagogik der schönen Worte verwendet zu werden. Es gab Momente, da wünschte ich, ich hätte nie von Dir gehört. Aber ich spürte auch, daß alles, was ich einsetzte, sich hundertfach wieder auszahlte, durch mehr Zufriedenheit, mehr Ruhe und durch mein ganz persönliches Wachstum.

So ist heute aus mir, dank Deines Einflusses, eine engagierte und kompetente Pädagogin geworden. Ich kann vielen Erzieherinnen durch mein Wissen weiterhelfen, treffe mit unzähligen aufgeschlossenen Menschen zusammen, von denen ich selbst wiederum viel lernen darf. Und immer wieder wiederholt sich die beglückende Erfahrung, um wieviel leichter und erfreulicher der erzieherische Alltag wird, wenn man sich mit Deinen Ideen auf den pädagogischen Weg macht.

Für all das und für das, was ich hier aus Platzmangel nicht eigens aufführen kann, bin ich Dir unendlich dankbar. Als Ausdruck meines Dankes möchte ich mit diesem Buch etwas dazu beitragen, Deine Ideen zu den Erzieherinnen und Kindern in die Kindergärten weiterzutragen. So widme ich Dir voller Dankbarkeit und großer Bewunderung dieses Buch.

                    Deine dankbare Schülerin
                    Gerda

                              April 1996

Liebe Maria,

machmal denke ich, Dir wäre im Leben alles nur so zugeflogen. Aber so wird es nicht gewesen sein. Gewiß, Du warst begabt mit Intelligenz und Forschergeist und hattest das Glück, in einer Familie aufzuwachsen, in der es damals um die Jahrhundertwende[37] für eine junge Frau

---

[37] Maria Montessori wurde 1870 in Chiaravalle bei Ancona (Italien) geboren.

nichts Unmögliches war zu studieren. Die Umstände und Deine Eltern hätten es Dir ermöglicht, Lehrerin zu werden, aber Du wolltest unbedingt Medizin studieren. Wie war das eigentlich damals für Dich? Fühltest Du Dich unverstanden oder sogar ungeliebt? Gab es Streit deshalb? Ich kann Deine Eltern sogar verstehen. Frauen war es schließlich verboten, Medizin zu studieren. Aber ich kenne Dich ja inzwischen sehr gut und kann mir so richtig vorstellen, wie Du Dich über so eine Ungerechtigkeit aufgeregt hast und dann erst recht zeigen wolltest, daß Du es schon schaffen würdest. Ach ja, dafür bewundere ich Dich. Du hast mir als Frau oft Mut gemacht und mir gezeigt, daß es gut und richtig ist, für die Gleichberechtigung und Gleichwertigkeit von Mann und Frau einzutreten. Manchmal frage ich mich, wie Du das alles unter einen Hut gekriegt hast. Du warst eine junge Frau. Du hast Dich gerne chic gemacht und hin und wieder Deinen weiblichen Charme bei den Männern eingesetzt. Ja, Du wolltest ganz Frau sein, aber Du wolltest deshalb nicht benachteiligt sein und schon gar nicht als dümmer gelten, nur weil Du wirklich Frau warst. Ich wünschte, wir Frauen hätten dieses Gleichgewicht alle schon gefunden.

Aber zurück zu Deinem Studium. Du hast nicht akzeptiert, daß Frauen der Weg zum Medizinstudium versperrt sein sollte. Du hast Dich durchgesetzt, beinahe möchte ich sagen: natürlich! Aber das war sicher alles nicht so einfach für Dich, wie es sich heute in Deinen Biographien liest; schließlich mußtest Du ja Traditionen aufbrechen. Wie mußt Du Dich gefühlt haben? Wieviel Gänge zu allen möglichen Stellen und Ämtern mußt Du durchgestanden haben? Wie oft hat man Dich vertröstet oder einfach abgewimmelt? Manche Menschen haben Dir sicher auch signalisiert, daß Du unverschämt bist. Wie hast Du das alles nur weggesteckt? Hattest Du Freundinnen, mit denen Du dann sprechen konntest? Deine Eltern werden Dich in diesem Punkt nicht unterstützt haben. Ja, das wird eine schwere Zeit für Dich gewesen sein. Ich freue mich mit Dir, daß Du es geschafft hast. Und wie vielen Frauen, die nach Dir kamen, hast Du damit den Weg geebnet. Ich danke Dir von Herzen im Namen aller Frauen.

Und wie ging es Dir dann an der Uni? Die Studenten meiden Dich, die Professoren übersehen Dich, und Du darfst immer erst den Hörsaal betreten, wenn alle anderen schon längst Platz genommen haben. Das solltest Du verdient haben, nur weil Du eine Frau warst? Ich frage mich, warum Du das damals alles auf Dich genommen hast. Du mußt doch schon mit Magenschmerzen und Unlust wieder von neuem hingegangen sein. Hast Du gespürt, daß dieses Studium ein ganz wichtiger Baustein in Deinem Leben sein wird? Ehrlich, ich hätte längst aufgegeben. Ich weiß, einmal warst Du auch nahe daran. Du mußt vollkommen fertig gewesen sein. Nachts allein Leichen sezieren, nur weil Du eine Frau warst. Eine echte Schikane![38] Bei alledem mußt Du auch Kraft gespürt haben, weiterzumachen. Vielleicht war es auch Trotz, daß Du es allen zeigen wolltest. Oder war es das Ziel, das Dich immer wieder antrieb? Schließlich warst Du die erste Frau Italiens, die einen Doktortitel erhielt. Das war 1896. Man war mächtig stolz auf Dich.

---

[38] Es galt als unschicklich, nackte Körper zu sehen – noch dazu in Gegenwart von Männern.

Du auch? – Wie war das, als Du es endlich geschafft hattest? Und Deine Eltern, was haben die gesagt?

Aber mal ganz etwas anderes. Du hast Dich unsterblich verliebt? Stimmt's? Ich gönne es Dir. Du bist schließlich eine junge Frau. Ich weiß gar nicht: Ist das Deine erste große Liebe? Du bist schwanger geworden, und bald wurde Dein Sohn Mario geboren. Aber Du kannst oder willst den Vater nicht heiraten. Niemand versteht so recht, warum. Aber Du leidest. Du hast darunter zu leiden, daß Du Dich nun entscheiden mußt für Mario oder Deine Karriere. Das muß furchtbar gewesen sein. Du bist streng katholisch erzogen, und Du hast sicher Angst, daß man mit dem Finger auf Dich zeigen wird. Als Dr. Montessano (Marios Vater) dann schließlich eine andere Frau heiratet, mußt Du Dich unendlich verlassen und betrogen gefühlt haben. Jetzt, so fühlst Du vielleicht, stehst Du völlig allein da mit all Deinen Sorgen. Du entscheidest Dich, Mario von Bekannten auf dem Lande aufziehen zu lassen. Es muß Dir das Herz zerrissen haben. Hattest Du auch Schuldgefühle? Ich glaube, ja! Aber im Leben geht nicht immer alles so, wie wir uns das vorstellen. Das hast Du selbst auch schmerzlich erfahren. Dein Beruf und Deine beruflichen Erfolge werden Dir geholfen haben, über all das wieder hinwegzukommen.

Du arbeitetest doch an der psychiatrischen Klinik der Universität in Rom. Erinnerst Du Dich noch, wie Du beim Besuch in einer Anstalt für „schwachsinnige" Kinder von einigen Kindern fasziniert warst? Sie formen Kügelchen aus ihrem Brot, sammeln Krümel und spielen damit. Eine ganz normale Situation, hätte man denken können, aber Du bist wie elektrisiert. Ich sehe Dich vor mir, wie Du gebannt den Kindern zuschaust, als ereigne sich etwas vollkommen Ungewöhnliches. Die Wärterin nörgelt an den Kindern herum, aber Du bist gefesselt, denn in diesem Moment wirst Du die Entdeckerin der Schöpferkraft, die in jedem Menschen steckt. Ja, Dir wird klar: Diese Kraft, die jeden Menschen zum Lernen und Wachsen einfach vorwärts drängt, ist grundsätzlich in jedem vorhanden, sogar in diesen scheinbar so hilflosen Kindern. Sie haben eigentlich nichts zu tun, kein Spielzeug und keine Gegenstände, nichts, und trotzdem finden sie einen Weg, sich selbst zu betätigen und sich Anregung zu verschaffen, indem sie einfach mit dem Essen spielen. Du begreifst: Spielen ist ihnen offensichtlich genau so wichtig wie Essen. Ich kann mir vorstellen, daß Du diese Anstalt als anderer Mensch verlassen hast. Man stelle sich vor: Wenn das, was Du entdeckt hast, wahr wäre. Du hast bestimmt hin- und herüberlegt. Vielleicht hast Du versucht, mit Fachleuten darüber zu sprechen. Womöglich hast Du Dich nachts im Bett herumgewälzt, weil Dir das einfach keine Ruhe gelassen hat. ‚In jedem Menschen ist die Schöpferkraft, die ihn drängt, sich selbst äußere Anregungen zu suchen, die ihn bilden und seine Persönlichkeit aufbauen.' Ich stelle mir vor, wie Du vielleicht in Deinem Zimmer auf und ab gehst und diese unfaßliche Entdeckung immer wieder vor Dich hinsagst. Aber es ist nicht Deine Art, lediglich über etwas nachzudenken. Du bist eine Frau der Tat. Du gibst den Kindern zu spielen und gestaltest ihnen eine anregende und ansprechende Umgebung. Deine Erfolge gehen schließlich so weit, daß diese „schwachsinnigen" Kinder den Kindern einer ganz normalen Schule im Lesen und Schreiben völlig ebenbürtig sind. Du mußt unglaublich stolz und glücklich gewesen sein. Schließlich hat die ganze Fachwelt auf Dich geschaut. Aber ich weiß: Stolz war nie Deine Sache. Ich höre Dich in Deiner manchmal fast nüchternen Art sagen: ‚Während alle Welt voller Bewunderung auf meine Erfolge sah, fragte ich mich nur: Was machen die in der Schule falsch, daß normal begabte Kinder so dumm bleiben?' – Ja, so bist Du. Du denkst ohne Voruteile, läßt Dich nicht durch alte Muster lenken, und das wirkt oft äußerst verblüffend. So betrittst Du gedankliches Neuland und damit auch pädagogisches. Ich beneide Dich darum, daß Du nicht in eine unserer Pädagogik-Schulen gehen mußtest, wo man Dich lehrte, wie Du Kinder zu sehen und zu beurteilen hast. Nein, Du wurdest nicht vollgestopft mit methodischem und pädagogischem Wissen. Dich lehrte man nicht, wie man Kinder motiviert, obwohl sie gar nicht wollen. Und so suchtest Du Deinen ganz eigenen Weg. Und Du fandest den Weg der Kinder. Du beobachtetest sie und warst immer begierig, von ihnen zu lernen. Denn sie, so hattest Du entdeckt, bergen in sich selbst das Geheimnis, wie sie am besten lernen und sich entwickeln. Du ließest Dich von ihnen leiten und konntest plötzlich ihre wirkliche Wesensart erkennen. Das war Dir möglich, weil Du die Gabe hattest, mit den Augen der Liebe zu sehen. Du ahntest, in jedem Kind ruht etwas Großes, denn jedes ist einzigartig und dadurch unvergleichlich. Diesem Einzigartigen und Unvergleichlichen zur Entfaltung zu verhelfen, jedes Kind zu unterstützen, seine Fähigkeiten zu enthüllen, damit der ganzen Menschheit zu dienen – das war Deine große Lebensvision.

In großer Wertschätzung
Deine Verehrerin Gerda

Nützliche Adressen

Vereine

Montessori-Vereinigung *(Montessori-Diplom AMI)*
Sitz Aachen e. V.
Xantener Straße 99
50733 Köln

Deutsche Montessori-Gesellschaft *(Montessori-Diplom)*
Postfach 5461
97004 Würzburg

Assoziation Montessori *(Montessori-Diplom AMI)*
Gladbachstraße 62
CH – 8044 Zürich

Association Montessori Internationale *(AMI)*
161 Koninginneweg
NL – 1075 Amsterdam

Außer diesen nationalen und internationalen Vereinen gibt es eine Fülle von **örtlichen und regionalen Vereinen** sowie Interessen- und Elterngruppen, denen Sie sich anschließen könnten. Adressen erfahren Sie über obige Vereine oder direkt in Ihrer Stadt.

Kursanbieter

Internationaler Lehrgang in Montessori-Heilpädagogik
Deutsche Akademie f. d. Entwicklungsrehabilitation
e. V.
Heilighofstraße 63
81377 München *(Heilpäd. Montessori-Diplom)*

Gerda Wichtmann
(Montessori-Päd. f. d. Regelkindergarten)
Nordstr. 8
99089 Erfurt

Materialanbieter

Ninhius Montessori International
(Originalhersteller)
Industriepark 14
NL – 7021 BL Zelhem
Holland

Firma Riedel GmbH
(Vertrieb von Originalmaterialien)
Unter den Linden 15
72762 Reutlingen

Darüber hinaus werden in einzelnen Spielwarenläden, insbesondere die Holzspielzeug führen, Materialien angeboten. Außerdem bieten auch verschiedene Ausstatter von Kindertagesstätten Montessori-Materialien zum Verkauf an.

Literaturverzeichnis

Bahá'u'lláh: „Botschaften aus Akka" 11:3, Hofheim-Langenhain 1982.

Dreikurs, Rudolf/Soltz, Vicky: „Kinder fordern uns heraus", Stuttgart ^{23}1991.

Dreikurs – Worte, Sinnsprüche aus den Werken von Rudolf Dreikurs, Horizonte Verlag, Stuttgart 1995.

Dreikurs, Rudolf/Blumenthal, Erik: „Eltern und Kinder – Freunde oder Feinde?" Stuttgart 1973.

Holtstiege, Hildegard: in: Päd. Schriften 2, Hrsg.: Aktionsgemeinsch. Deutscher Mont.-Vereine e. V.

Jacobs, Dore: „Bewegungsbildung – Menschenbildung", Aloys Henn Verlag 1978.

Keller, Evelyn Fox: „A Feeling for the Organism", New York 1983.

Keller, Evelyn Fox: „Liebe, Macht und Erkenntnis", München 1986.

Montessori, Maria: „Kosmische Erziehung", Freiburg 1988.

Montessori, Maria: „Dem Leben helfen", Freiburg 1992.

Montessori, Maria: „Kinder sind anders", München ^{6}1991.

Montessori, Maria: „Das kreative Kind", Freiburg 1991.

Montessori, Maria: „Schule des Kindes", Freiburg 1991.

Schoenaker, Theo/Seitzer, Julitta/Wichtmann Gerda: „So macht mir mein Beruf wieder Spaß", München 1996.

Schoenaker, Theo: „Mut tut gut" Stuttgart ^{6}1996.

Schoenaker, Theo: „Die innere Kündigung", Sinntal 1995.

Schulz-Benesch, Günter/Oswald, Paul: „Grundgedanken der Montessori-Pädagogik", Freiburg 1990.

Saint-Exupéry, Antoine de: „Der Kleine Prinz", Düsseldorf 1956.

Wichtmann, Gerda: in: „Lichtblick", Zeitschrift des Vereins Trendwende Ermutigung e. V.

Erziehung ist kein Kinderspiel

Maria Montessori
Kinder lernen schöpferisch
Die Grundgedanken für den Erziehungsalltag mit Kleinkindern
Band 5041

Vom Kind aus denken! Dieser Ansatz der Pädagogin und Begründerin der Montessori-Schule hilft Eltern, Kinder als eigenständige Individuen zu fördern.

Maria Montessori
Kinder, Sonne, Mond und Sterne
Kosmische Erziehung
Band 4781

Mit Staunen nehmen Kinder die großen und die kleinen Dinge des Kosmos wahr. Wie sie Verständnis für die Ganzheit der Welt entwickeln können, zeigen die Texte der großen Pädagogin.

Maria Montessori
Kinder richtig motivieren
Band 4749

Wie Sie Kindern die richtigen Impulse geben, damit dann alles wie von selbst geht, das zeigen diese Texte der großen Pädagogin.

Maria Montessori
Wie Lernen Freude macht
Kreativ mit Montessori-Materialien umgehen
Band 4707

Ein Buch mit vielen praktischen Tipps: Für alle, die Kindern die Freude am Lernen spielerisch vermitteln wollen.

Maria Montessori
Wie Kinder zu Konzentration und Stille finden
Band 4597

Elementar, tief und praktisch: Übungen, die Kindern helfen, sich zu konzentrieren und die positive Wirkung der Stille zu erleben.

HERDER spektrum

Maria Montessori
Lernen ohne Druck
Schöpferisches Lernen in Familie und Schule
Band 4371

Ein Buch, das zeigt, wie Kinder selbst entscheiden und gut vorankommen können.

Ulrich Steenberg
Laß deinem Kind sein Geheimnis
Religiöse Erziehung nach Maria Montessori
Band 4651

In der Offenheit und Neugier der Kinder liegt die Chance für Eltern, behutsam auf Fragen nach dem Wie, Wozu, Warum einzugehen. Ein Buch, das zeigt, wie Kinder Urvertrauen in die Welt gewinnen.

Nancy Fuchs
Sonne für die Kinderseele
Spiritualität im Alltag
Band 5501

Mit Kindern wachsen! Der Alltag ist nicht nur Versorgen, Ermahnen, Anstrengung und Erschöpfung. Ein Buch mit vielen Anregungen für Eltern, denen es auch um die Seele ihrer Kinder geht.

Rudolf Dreikurs/Loren Grey
Kinder lernen aus den Folgen
Wie man sich Schimpfen und Strafen sparen kann
Band 4884

Ein Erziehungsstil, der Kindern frühzeitig dazu verhilft, eigenständige Erfahrungen zu sammeln und mit Freiheit richtig umzugehen.

Roswitha Defersdorf
Deutlich reden, wirksam handeln
Kindern zeigen, wie Leben geht
Band 4829

Damit Kinder ihren Weg eigenständig und erfolgreich gehen lernen brauchen sie Eltern, die eindeutig, klar und liebevoll sind.

HERDER spektrum

Walter Pacher
Wenn Kinder ihre Macht erproben
Freiheit lassen und Grenzen setzen
Band 4793

Machtkämpfe in der Familie müssen nicht sein. Der erfahrene Gordon-Trainer zeigt, wie es ohne Niederlagen geht, wenn Kinder und Eltern unterschiedliche Vorstellungen, Wünsche und Bedürfnisse haben.

Walter Pacher
Wenn Kinder keine Grenzen kennen
Konflikte lösen ohne Machtanwendung
Band 4494

Wie die Methode der Familienkonferenz erfolgreich sein kann, zeigt Walter Pacher mit vielen Beispielen und Übungen.

Dorothy Law Nolte/Rachel Harris
Heute schon dein Kind gelobt?
19 gute Regeln für Eltern
Band 4790

Kinder lernen, was sie erleben und erfahren. Mit positiven Signalen geben Eltern ihren Kindern Ermutigung, Selbstvertrauen und klare Orientierung.

Mark L. Brenner
Positiv erziehen
Konsequent bleiben, ohne autoritär zu sein
Band 4783

Wenn sie sich in ihrem Anliegen verstanden wissen und Alternativen sehen, können Kinder durchaus damit klarkommen, daß sie etwas nicht bekommen oder nicht dürfen. Brenner zeigt, wie das gelingt.

Theo u. Julitta Schoenacker
Die Kunst, als Familie zu leben
Ein Erziehungsratgeber nach Rudolf Dreikurs
Band 4782

Kinder sind von klein an ernstzunehmende soziale Wesen. Wie man diese Anlagen entdeckt und eine entspannte Beziehung aufbaut, zeigt dieses Buch.

HERDER spektrum

Marleen Noack
Schulerfolg leicht gemacht
Wie mein Kind das Lernen lernt
Band 4723
Die richtige Lernweise, eine gute Motivation und sinnvolle Tagesplanung geben dem Schulstress keine Chance mehr.

Hans Janssen
Kinder brauchen Klarheit
Wie Eltern Regeln finden und Grenzen setzen
Band 4699
Alltägliche und immer wiederkehrende Konflikte so lösen, daß keiner dabei zu kurz kommt. Ein hilfreiches Buch für ein harmonisches Familienleben.

Xenia Frenkel
Kindern Werte mitgeben
Worauf es ankommt und wie es gelingt
Band 4632
Emotionale und soziale Fähigkeiten sind ebenso wichtig wie Durchsetzungskraft und Selbstbewußtsein, um im Leben erfolgreich zu sein. Ein spannender, konkreter Elternratgeber.

Michael Rohr
Freiheit lassen – Grenzen setzen
Wie Eltern Sicherheit gewinnen und ihren Kindern Halt geben
Band 4618
Der kompetente Kinderarzt ermutigt Eltern, mit den Kindern zusammen das sensible Gleichgewicht zwischen Freiheit und Begrenzung immer wieder neu zu finden.

Rebeca Wild
Kinder wissen, was sie brauchen
Hrsg. von Lienhard Valentin
Band 4605
Wie Eltern umdenken können: Um ihre Anlagen zu entwickeln und glücklich zu sein, brauchen Kinder viel weniger, als Erwachsene oft denken.

HERDER spektrum